U0599340

唐人
文化

—— 大众时代的品质阅读 ——

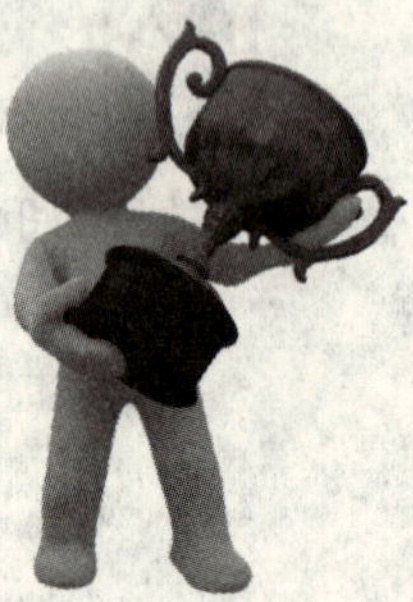

早一刻成长，就能早一刻牵手成功。

多一分成长，就多一分改变的可能。

员工素质提升读本

做不拒绝成长的员工

唐晓龙　林少波◎著

人民出版社

图书在版编目（CIP）数据

做不拒绝成长的员工/唐晓龙，林少波著.—北京：人民出版社，2011.2

ISBN 978-7-01-009502-8

I.①做… II.①唐…②林… III.①企业管理：人事管理 IV.①F272.92

中国版本图书馆CIP数据核字（2010）第239283号

做不拒绝成长的员工

作　　者：唐晓龙 林少波

责任编辑：于宏雷

发　　行：人民出版社

地　　址：北京朝阳门内大街166号

邮　　编：100706

经　　销：全国新华书店

印　　刷：北京市凯鑫彩色印刷有限公司

开　　本：710毫米×1000毫米 1/16

印　　张：15

字　　数：170千字

版　　次：2011年2月第1版

印　　次：2011年2月第1次印刷

书　　号：ISBN 978-7-01-009502-8

定　　价：26.80元

序言

PREFACE

从“小树苗”到“参天大树”

前些天到麦当劳用餐，我注意到了一个细节：

餐盘垫纸上的内容换了，不再是以前那些明星，而是把麦当劳中国区副总裁缪钦放在上面。左边是他充满激情的照片和一棵充满笑意的漫画树；右边是青色底，白色字。

也就是那两行手写体的白色字深深吸引了我：

“我就喜欢，不断成长，从15年前的一棵小树苗长成如今的参天大树！”从“小树苗”到“参天大树”！说得真好！

于是，我到网上详细了解了这位中国区副总裁的成长经历。

1993年，刚刚离开校园的缪钦到当时厦门第一家麦当劳餐厅应聘，成为麦当劳的一员后，他从拖地板这样的工作做起。经过两年勤奋的工作和不倦的学习，缪钦被任命为厦门麦当劳餐厅第一副经理。为了更快地成长为一名餐厅经理，缪钦不但从书本上学习大量专业知识，同时通过麦当劳各种培训课程和发展项目与高层管理者们探讨管理经验与工作心得。

1999年，缪钦迎来了他职业生涯中的一个转折点。由于他在厦门市场的出色表现，公司将他派往湖南省，开拓当地市场。从那时起的5年中，缪钦组建了麦当劳湖南的初期团队，并把长沙、衡阳、湘潭等几个地区的餐厅业绩做到全国前列，得到了公司的认可。2004年，缪钦荣获了麦当劳总部颁发的“总裁奖”。

2007年，时任麦当劳东北地区营运总监的缪钦调职北京，参加了新一轮的高级培训计划。这是麦当劳为培养后继人才而专门开设的为期一年的“中国领导力发展计划”。其间，他有步骤地接触麦当劳各部门的工作状况，并参与决策制定，帮助部门设立目标。经过一年的培训，缪钦很快便熟悉了北区整体工作，并最终顺利地接掌麦当劳北区总经理的帅印。

2008年，加入麦当劳大家庭15年的缪钦正式走马上任，担任麦当劳（中国）有限公司副总裁兼北区总经理一职，是麦当劳中国第一位本土副总裁兼总经理，此时的他已经成为麦当劳中国最年轻的高层管理层成员。作为著名跨国公司中杰出的本土人才代表，缪钦完成了从一名普通餐厅员工到高级职业经理人的职场发展之路。

从当年拖地板的普通员工，到今天在麦当劳拥有全世界三万家餐厅的平台上，拥有着重要地位的副总裁，是什么帮助缪钦实现的?

我得出的结论是：不拒绝成长！

缪钦在加入麦当劳之初，就把公司创始人雷·克洛克的名言牢记在心——“当你觉得自己成熟的时候，就是要腐烂的时候。”正是在这句话的鼓舞下，缪钦在麦当劳的职业生涯一路勇往直前，成就了今日的辉煌。当然，缪钦认为今日能取得如此的成就，离不开公司对其成长提供的平台。

在一路走来的每个职位上，缪钦犯过错，做过错误的决定，也给公司带来过经济上的损失，但公司都给予了他足够的信任，相信他通过学习可以做得更好。

“我无法用一个确切的数字来说明16年来我都接受了哪些培训，太多了，包括直接的和间接的以及公司允许犯错并给予改正的机会，这些都是培训。”

“‘学习’这个词对中国人来说并不陌生，公司提供了学习的平台是我的幸运，但我更注重自我学习，并很快把学到的东西运用出来，不断在实际工作中予以纠正。”

“很多人说麦当劳是一个餐厅，我也曾经认为是，但现在我更认为麦当劳是一所大学，麦当劳的系统教会了我很多东西。”

每一句话都洋溢着缪钦的荣誉感，每一句话都显示着缪钦的责任心，每一句话都流露着缪钦的感恩情，每一句话都表明着缪钦不拒绝成长的精神。

拥抱成长，就是拥抱未来；员工成长，就是企业成功。

有一条路不能选择——那就是放弃的路；有一条路不能拒绝——那就是成长的路。

我们都知道，一棵小树苗要想长成参天大树，成为栋梁之材，必须有粗壮厚实的根脉供给大地的营养，必须有充足丰富的枝脉和纤细纵横的叶脉供给自然的空气、阳光和雨露。没有叶、没有枝、没有根，也就没有树。根脉、枝脉、叶脉的死亡最终导致了树的死亡。栋梁之才的形成必须有根深叶茂的支撑环境。

从缪钦的职业成长历程中我们可以得出这么一个公式：成功＝充分准备＋寻找机会＋环境支撑。显然，“充分准备”的全部及“寻找机会”、“环境支撑”的部分主导权在于自己，“机会”和“环境支撑”多少有些幸运因素，似乎难由主观意愿左右。但实际上“幸运”多是自己争取来的，成功需要运作，运作“成功”的操盘手恰是渴望成功的自己。职场上有很多像缪钦这样的幸运儿，在外人看来，他们走的每步棋紧凑正确，似乎开了天眼。但了解内情和过程的人知道，“幸运”是自己创造出来的，未来命运靠自己把握，因为，他们知道一定不能停止学习，不能拒绝成长。

缪钦说：“我常跟美国的同事说，你们的经验比我们多，但我们每天都在学习，在不断地想办法鞭策自己，这时就不是跨国企业是否给你机会的问题了。”

那么，同样作为企业中一名员工的你，是否每天都在鞭策自己，每天都在学习，每天都在成长呢？

作者

2010年11月

第一章

欢迎成长，职业发展命题

在职业发展生涯中，成长是最主要的命题。尽管不少问题时常困扰着我们，使我们深感疲惫，但是唯有成长才能使我们到达想要的高度。如同蝴蝶不能拒绝破茧的疼痛，如同雄鹰不能拒绝风雨的洗礼，如同凤凰不能拒绝烈火的焚身，我们同样不能拒绝成长。

目 录
CONTENTS

第二章

拥抱成长，成功接踵而来

成长并不容易，但是当你下定决心去做的时候，就会把有助于自我成长的行为和思考变成习惯，工作就充满了机遇。成长，让我们逐渐感悟到工作的价值。理解成长，便是理解生命；勇敢地成长，便是创造生命。让我们拥抱成长，拥抱未来。

第三章

拒绝成长，危害如影随形

有的员工不自觉地被环境推着走，他们不敢冒险，怕给自己带来遗憾；有的员工因为上司的批评、薪水的不如意而产生不满，于是不再努力。他们不少人看上去什么都明白、什么都懂，其实这是在拒绝成长，本想逃避危害，没想到危害却因此如影随形。

目 录
CONTENTS

第四章

接纳成长，没有任何借口

总有些员工在遇到问题时就找借口，企图通过借口来逃避成长。殊不知，他们越是这样做，就越不可能成长。借口多的人成长最慢。在成长过程中遇到问题时，明智的做法是把想发泄的情绪引向问题而不是别人，把能量聚焦到想办法上而不是找借口上……

第五章

稳步成长，依靠自我修复

很多员工都在追求着自身的成长，但并不是每个员工都能够如愿以偿。依靠自我修复，稳步地成长，你就能看清前进的方向，迅速查清问题的所在，调整自己到最合适的状态，使你的工作按照你所设想的那样稳步前行。

目 录
CONTENTS

第六章

加速成长，借助他人力量

与智者同行，你会不同凡响；与高人为伍，你能登上巅峰。善于发现别人的优点，并把它转化成自己的长处，你就会成为聪明人；善于把握彼此的缘分，把它转化成自己的机遇，你就会成为优秀者。学最好的别人，做最好的自己，此乃成长之道。

第七章

员工成长，企业担当使命

企业中最重要的是员工，员工是企业成长的关键因素。如果在员工需要帮助时，企业能给员工一份关爱和支持，在紧要处推员工一下、拉员工一把，帮助员工成长，那么，相信员工也一定能够回报给企业超额的价值。

第一章 欢迎成长，职业发展命题

在职业发展生涯中，成长是最主要的命题。尽管不少问题时常困扰着我们，使我们深感疲惫，但是唯有成长才能使我们到达想要的高度。如同蝴蝶不能拒绝破茧的疼痛，如同雄鹰不能拒绝风雨的洗礼，如同凤凰不能拒绝烈火的焚身，我们同样不能拒绝成长。

你不能一直是孩子，一直是学生

成长是一把双刃剑，能带来开心的欢笑，也能带来无尽的烦恼。我们有时候就像拒绝长大的小飞侠彼得·潘，不希望长大，但那终究只是一个梦想而已。因为，学会成长、破茧成蝶是每一位优秀员工都要面对的问题。

永远不要长大，这是一个孩子童话般的梦想。每个孩提时拥抱过童话的人，心底都曾存在过一个彼得·潘。正如台湾女子组合SHE一首歌中所唱的那样："我不想、我不想、不想长大，长大后世界就没童话，我不想、我不想、不想长大，我宁愿永远都笨又傻……"童年梦想长大是因为可以独立、可以自由，而长大了却渴望生活的无忧无愁和童年的天真烂漫。

其实，我们之所以不想长大，是因为我们不愿意面对人生的残酷、职场的复杂，不愿意去用自己的肩膀扛起自己需要承担的责任。然而，我们真的可以置身事外，拒绝成长吗？

每个人从出生起，每天都在不停地自然成长，这是客观的规律，不管你是愿意，还是不愿意。成长有时候是一种快乐、一种幸福；有时候又是一种烦恼、一种痛苦。

我被北京几所高校邀请为讲师，经常穿梭在几所大学里面给学生上课和讲座。最近，有个学生找我做职业咨询。

他跟我说了他的“苦恼”：毕业快半年的他现在有些后悔，后悔当初进了公司，要是去考研，继续过自由自在的校园生活，现在该多滋润。不说别的，就是现在早上9点要按时上班这一条就让他受不了。过去上学时，有大量的时间可以自由支配，寒暑假期间想睡到什么时候就睡到什么时候，可现在呢，周一至周五早上6点一过就得起床，一个闹钟不行，有时还得开两个。“上班不能迟到！”像条紧箍咒一样套在他的头上。

听后我愕然，但是一深思，我发现这不是一个个案，而是一种漂浮在目前很多公司里的普遍现象。不少初涉职场的新人经常喜欢将学校的生活和工作的环境做对比，尤其是在还不能完全适应职场生活的时候更是如此。学校里的生活无忧无虑，当然让人留恋，除了学习和考试，剩下的时间都是自己的。上课之余，你可以选择自己喜欢的时间和地点去学习，你可以去图书馆畅游书海，也可以坐在幽静的小树林里阅读小说，或者和同伴、好友相约去打球健身。而上班以后就不能这样随心所欲，写字楼里朝九晚五的作息时间让一些人感到难熬，有时甚至加班也成了家常便饭。留给自己的时间和空间不仅非常有限，来自职场的压力也要远高于求学的时候。

但是，学生的身份只能是暂时的，你总要走上工作岗位，谁也没有资格拒绝让自己长大。想要成长，就必须放弃因不习惯而对过去的留恋。过去的你是自由的，也是幸福的，但那只是你生命中的一部分；你的生命在更新，你在成长，不能让那种“自由”持续地成为一种惯性，影响你整个生命的运行。你不是宠物，你必须长大。

作为员工，如果你想实现自己的人生价值，就一定要学会约束自己，并承担责任，直到养成自觉行动的好习惯。你刚开始约束自己的时候，肯定会有些不习惯，甚至有些痛苦。比如，你现在不能睡懒觉，每天要准时上班，你就必须改变晚起的习惯。让一个睡惯了懒觉的人按时起床，的确是一种痛苦。面对这种痛苦怎么办？如果继续这样下去，你可以避免因改变习惯而带来的痛苦，但它会给你带来新的痛苦——每天上班迟到，最后被炒鱿鱼。如果你自己不肯约束自己，那么，换来的将是你被别人约束。

自由与约束从来就是一对孪生兄弟，你不可能只要自由而不要约束。其实，如果你换一种角度来看待约束，你的职业生涯将会更加辉煌。虽然一开始自我约束可能会带来痛苦，但久而久之它会让你受到同事的尊重，上司也会慢慢地看重你。一旦你养成了自我约束的习惯，你在公司里的发展就会游刃有余。与享受成功后的幸福相比，你刚开始自我约束所带来的痛苦就显得微不足道了。

我们必须趁早明白人生的道理，这样才能少走甚至不走弯曲的人生道路。要知道，每一种生活都有其独特的美丽和规律。当我们懂得这些道理的时候，我们就会庆幸自己长大。尽管长大了会面对很多的问题，然而，在成长的过程中，我们所学习到的东西会慢慢积累成为我们人生的财富，这是长不大的小孩子所不能拥有的。在这个过程中，我们还要去经受什么叫美好，什么叫珍惜，什么叫拼搏，什么叫积累，什么叫幸福……而这些，都是需要我们在不断地成长中去慢慢体会和感受的。

其实，归根结底，长大并不代表世故和圆滑，也不代表丢失少年的好奇心和求知欲。我们可以选择不成功，但是我们不能拒绝成长。只要坚持自己的原则，在成长的过程中慢慢学会成熟，学会“取其精华，去其糟粕”地看待问题，学会从不同的角度和深度来看待这个世界，我们一定会拥有一个我们想要的、属于我们自己的多彩人生。

学会现实不见得就是丢失了个性

个性为我们所求，在现实生活和工作中保持个性说难也难、说易也易，关键在于你自己如何把握。我们要学会现实地面对职业发展生涯里的各种情况，但这并不意味着个性的丢失。

进入一家公司工作，我们学会了现实。有很多员工认为，在这个追求个性的时代中，不是每个人都能实现或者展现自己的个性的，我们每个人都受到各种规则的限制，自己的很多想法也很难融入到现实中。当理想和现实碰撞时，要想不被淘汰，唯有向现实妥协，选择抛弃个性。但事实上，我们完全可以学会现实而又不丢失个性!

虽然职场很现实，但与个性并不矛盾。因为现实是与社会密切相关的，你只有学会了现实，了解了这个社会，你才能在实际工作中彰显你的个性，而不是向社会上一些人所说的，学会了现实就等于丢掉了个性。

我们无法也没有能力去改变职场的某些规则的时候，我们就要学会现实，要学会妥协，把个性暂时隐藏起来，避免锋芒太露，这并不是我们失去了个性，而是我们更好、更圆润地适应了现实。

个性并不与现实冲突，反而在现实中体现得愈加明显，个性在现实这个舞台上有着更广阔的表现领域。学会更好地融入现实社会，适应社会的各种变数，才是我们彰显个性的最好方式。

我一个在上大二的小学妹看完我的书后给我留言，让我很感动。她写得很真诚，也很典型。经得她允许，特拿出来晒一下，希望能给更多人以启示。

“一心向着自己梦想奔跑的人，整个世界都会给他让路！”

看您的书总会在字里行间受到一些触动。许多文字排列在一起的时候，人们才会去挑选，看进心里的其实都是一种共鸣。我也尝试着跟自己说你会很好的，终有一天会得到自己想要的，但是更多的时候我是消极的，没有头绪的。方向有了，但是真正走起来才知道有多么不顺利……

我记得自己很长一段时间最讨厌看励志类的书，甚至一些名人传记都不爱看。因为我觉得那些书里的话都是那些人得意的时候说的，如果没有成功的话，谁会听他们讲呢？他们都只是比其他人运气好一点儿而已。

直到今天，我才发觉自己只是嫉妒他们罢了。以前我总在想，我尽心竭力想要争取的，别人却能够一挥而就；甚至我梦寐以求求不得的，别人却可以云淡风轻地拥有……

那种心情，现在想想真是幼稚……可是那种困惑的情绪还是挥之不去。

我自己也在试图摆脱那种莫名的烦躁，想来是因为自己太闲了，或者没有人来肯定我吧，很多时候自信不是被别人夸出来的么……呵呵，我想我缺少的应该是脚踏实地地做些事情，之后再让我在意的人看到，到时候不管有没有获得夸奖，我也会得到那种所谓的成就感吧。

我跟您提过，我的名字叫做小溪，我妈妈取的，我实在是不喜欢，笔画多还小家子气，在我知道我妈给别人家的孩子起名叫做“曼瑶”时，就更加不高兴了，“小溪”比起“曼瑶”，多平凡的名字，在百度都搜不到几个人叫……

但是我妈妈不知道我不喜欢，后来不经意的说起过“曼瑶”是美玉，女孩子嘛，晶莹剔透，温其如玉。我说那我呢，我就不是啦？给人家起好听的……我妈当时没有回应我，我心里很委屈。

结果到了晚上看电视时她突然转过头来对我说：“小溪……终有一天会入海的。”

那时，我听到这句话的心情您可能想象不到吧！

是啊，水从表面上看是最没有个性的，欲圆则圆，欲方则方，可以融入江河，亦可归于小溪。但它实际上恰恰是最有个性的，只是隐藏起来了而已。水是无形的，给它什么容器，它就可以成什么形，即使偶尔飞溅出来点水花，也断不会影响它的整体风格。但水也有有形的时候，春季融水初泻，夏季海啸突袭，都使水有了无穷的力量。从冰山一路狂奔疾下，催山阻石，倾泻而出，一切阻挡它们的障碍都会被它们无情地吞没。所到之处，高山被吞噬，平原被冲击，碎石被翻卷，没有什么能与之抗争。

因此，我们要学会做职场中的“水”，保持我们的个性要以现实为前提，要学会在现实中暂时隐藏我们的个性，学会在现实中灵活地运用我们的个性。在面对绳锯木断，水滴石穿的时候，水体现的是一种毅力、一股子韧劲；在面对海纳百川的状况时，水拥有的是一份肚量，一种气度和胸怀。

我们需要明白，在现实中一尘不变地保持个性，锋芒毕露并不一定可以帮我们到达理想的彼岸，每个人都有自己的个性，这在工作上也能体现得出来。现实中，无论什么时候，在职场驰骋还是在平时生活中，都不要忘记自己是干什么的。只有找准自己的位置，你才能有所作为，做一个真实的自己，做一个现实的自己，做一个有个性的自己。

个性为我们所求，在现实的职场生涯中保持个性说难也难、说易也易，关键在于你自己如何把握。将个性隐藏在现实中，懂得在现实中让自己不断成长，把自己的特质与性格展现在工作和生活中，留下一点与众不同的味道去拥抱这个世界，在职场上如鱼得水的同时，你的梦想也终将会成为现实。接受现实，隐藏个性，你就能更好地坚持生机和活力；保持个性，融入现实，你就能更好地活出勇气和毅力！

有人妨碍你成功，没人能阻止你成长

成功的人生是我们每个人不断追求的目标，我们每个人就像是跑道上的运动员，都希望以最快的速度、最短的时间到达终点。可是跑道上的对手不止一个，每个人都想超过你，试图将你甩在身后。也许你一次、两次都没有成功，但只要你有不放弃、坚持到底的决心和毅力，始终向前，终有一天，你会如化蛹成蝶般完成人生华丽的蜕变。

职场竞争如同在跑道上比赛。在我们的职场生涯中，或许会经历一时的挫折和失败，或许会被一些人和一些事阻碍我们前进的脚步。但是，只要我们默默地坚持自己的目标，不言败、不放弃，并不断地积累经验，做到无论前面的路有多么坎坷，无论经受的压力有多么大，始终义无反顾、一路向前的话，我们终将获得成功。

杨程和刘易通过层层的考核和面试在同一时间被聘为一家五星级酒店的员工。根据工作安排，他们两人分到一组，共同负责酒店客房的清洁工作。杨程是一位对待工作非常踏实、认真、追求进步的员工。刘易是一个很“精明”的员工，领导在场的时候，工作很认真，表现也很积极；当领导不在场的时候，就表现出了工作不认真，做事散漫，没有上进心。每次领导检查工作发现问题时，当杨程不在场的时候，刘易常说这项不合格的任务是杨程负责的，为了表现自己，还经常拿一些子虚乌有的事情打杨程的小报告，导致领导多次批评杨程。但当杨程知道真实原因后，并没有去找刘易进行理论，而是选择了用更加认真的工作和更加严谨的工作态度证明自己。在工作之余，杨程还自学了关于酒店管理的相关书籍，以便应用到工作中。后来领导知道了刘易说的一些情况不符合事实，于是开始重视杨程，不断派给杨程各种任务，而杨程也用他不断学习获得的知识和慢慢成长所积累的工作经验，出色地完成了领导交给的每一项任务。在年终的时候，刘易被辞退，杨程被留了下来，成了正式员工。

杨程的工作经历告诉了我们，在职场中可能会有人用各种手段阻碍我们的前进之路，妨碍我们的成功，但是只要你坚持自己的理想和工作原则，不断地学习，不断地进步，不断地提高和完善自己，你终会有所获，因为没有人能够阻止你的成长。

我们都知道爱迪生发明灯泡时的那种执著。当他用到一千多种材料做灯丝的时候，他的助手曾对他说："你已经失败了一千多次了，成功已经变得渺茫，还是放弃吧！"爱迪生却说："到现在我的收获还不错，起码我发现有一千多种材料不能做灯丝。"最后，他经过六千多次的实验终于成功了。试想，如果爱迪生在助手劝他停止实验的时候放弃了，我们现在会怎么样呢？可能我们还要点着豆粒般大小的油灯在夜里照明。其实，爱迪生的每次试验失败都可以看作是一种成长。这么一算，爱迪生发明电灯经历了六千多次的成长，这是一个多么惊人的数目啊！所以，我们不要被一些无关的事情所干扰，要坚持自己的目标不动摇，不要轻言放弃。

著名乒乓球名将邓亚萍在人生不同的阶段刻苦努力、不懈追求的精神激励着后来人。她人生成长的轨迹就是不断学习、不断提升自己的过程，外界的评价可能一时会妨碍她的成功，但却没能阻止她成长，最终她成为一名体育界的精英，成就了一段让世人惊叹的神话。

童年的邓亚萍，因为受当时体育教练父亲的影响，立志做一名优秀的运动员，但是她个子矮，手脚粗短，根本不符合体校的要求，老师都觉得她不适合运动，体校的大门也没能向她敞开。于是，年幼的邓亚萍跟父亲学起了乒乓球，父亲规定她每天在练完体能课后，必须还要做100个发球、接发球的动作。邓亚萍虽然当时只有七八岁，但为了能使自己的球技更加熟练，基本功更加扎实，便在自己的腿上绑上了沙袋，而且把木牌换成了铁牌，她从不叫苦，不喊累！负责训练的父亲有时为此而心疼得掉眼泪！但付出总有回报，由于邓亚萍的执著，10岁的她便在全国少年乒乓球比赛中获得团体和单打两项冠军。此后她获得了18个世界冠军，4枚奥运金牌，被誉为“乒乓皇后”，成为乒坛里名副其实的“小个子巨人”。

通过邓亚萍的人生历程，我们可以看到一个自强不屈的身影，一个永不放弃的身影，一个不向失败低头的身影。可能有人妨碍了她的成功，却没有人能阻挡她的成长之路，她通过不断地刻苦训练，使自己一步一步地成长为一名优秀的运动员，在一场场比赛中，在一次次与对手的较量中，她不断获得前进的动力。

成功就像一座山的顶峰，我们的职场生涯也犹如登山一样，是一个一个不断持续的过程。只有量积累到一定程度后，才会实现质的飞跃。积累量的过程就是我们不断成长的过程。也许有很多原因导致你目前没有成功，但是当你厚积薄发，成长到一定程度的时候，成功就是水到渠成的事情。在这个过程中，我们需要做的就是不要被成功的表象所蒙蔽，永远不要因他人的影响而放弃自身的成长。因为只有克服阻力、不断前进，我们才能在职业生涯中华丽蜕变，最终收获成功。

拒绝成长就是惧怕成功，拒绝成长就是拒绝机会

在竞争日益激烈的职场上，有的人在工作中主动地成长，获得了人生和事业的双丰收；有的人却拒绝成长，拒绝取得进入这个社会的通行证，因此他们在失去诸多机会的同时，也失去了成功的可能。

在公司里经常有这样一些员工，他们往往只顾过着眼下的安稳生活，对周围所发生的事情毫不关心，不思进取，当一天和尚撞一天钟。实际上，这种不思进取、安于现状的员工就是在拒绝成长，而拒绝成长就是惧怕成功，拒绝成长就是拒绝机会。这种拒绝，对刚进入职场的新员工来说，都是缺乏积极进取的一种表现。

前阵子，我们公司来了一位新员工，名字叫张燕翔。刚到几天，我就布置他写一个文案。下班时，他把写好的文案交给我，我看了看，当面指出了一些错误，并做了修改，让他返工重做。

夜里，我收发邮件，有一封是张燕翔发的。内容如下：

林总好，关于今天我文案中出现的诸多问题，在此向你道歉，这个任务确实没有做好，让你失望了。当你帮我一一指出这些问题的时候，我确实感到有些出乎意料，没想到自己修改后的文案还有如此多的问题。回家路上，我一直在想到底问题出在哪里，同时也

在细细回想林总说的那些话。我凭着印象大体分析了一下出错的原因（明天到公司后我再比对文案做更细致的分析），有少部分错误我认为是经验不足，这一部分的错误在撰写文案时我脑子里根本就没有意识到这些是需要注意的；而另外一部分错误就只能归结为不仔细了，我自认为做得很认真了，但事实摆在那里，说明我做得没有自己想象的那么仔细。

看到工作中出现这些问题，虽然有些沮丧，但更多的是庆幸，庆幸有你这么一位领导，时时关照我，帮我指出这些问题。我觉得犯错是一件好事，它可以让人更快地成长和进步。我允许自己犯错，但不希望自己重复出现同样的错误，所以你说的每一句话和指出的每一个问题，我都一一记在心里。

公司招聘人员，目的是让人来解决问题，而不是来制造问题的。我希望自己是问题的终点站，而不是问题的制造源。所以，有些东西我自己能通过自学解决的一定不麻烦别人，那些需要向别人请教的，我也会及时去求教，慢慢积累、慢慢沉淀自己的经验。

刚开始，需要学的东西、注意的问题确实很多，以后肯定还会遇到更多的难题，我也一直在努力，真的希望自己能把工作做好。今后只要我工作中出现问题，有做得不好的地方，请林总一定多多批评指正。我热爱这项工作，也相信自己一定能做好。在以后的工作中，我一定把工作做到位，而不是再像今天这样要你亲自修改，还要重新返工。

……

看完信，我很欣慰。当时我想：要是公司多一些有这样思想觉悟的员工，何愁做不大、做不强呢？有问题没关系，犯错误不要紧，但是一定不能拒绝成长。遗憾的是，在大部分企业中，像张燕翔这样不拒绝成长的员工并不多。

不想工作，拒绝成长，对成功有恐惧心理……这种心态在刚进入公司的新员工中比较普遍。他们一直在家人的呵护下长大，没有经历过大风大浪，缺乏吃苦耐劳的精神，虽然年龄在增长，心态却依然像小孩一样，不愿成长，不愿面对现实，不愿面对自己所需承担起来的责任。

其实，人不应该拒绝成长，更不能拒绝成长过程中的困难与艰辛，逃避不是解决问题的办法，我们必须仰起面孔，正视它……

约拿是《圣经旧约》里面的一个人物。他本身是一个虔诚的犹太先知，并且一直渴望能够得到神的差遣。一天，神终于给了他一个光荣的任务，去宣布赦免一座本来要被罪行毁灭的城市——尼尼微城。然而，约拿却抗拒这个任务，他逃跑了，不断躲避着他信仰的神。神的力量到处寻找他、唤醒他、惩戒他，甚至让一条大鱼吞了他。最后，他几经反复和犹疑，终于悔改，完成了他的使命——宣布尼尼微城的人获得赦免。

我们往往害怕变成在最完美的时刻、最完善的条件下，以最大的勇气所能设想的样子，但同时我们又对这种可能非常的追崇。这种对最高成功、对神一样伟大的可能既追崇又害怕的心理，被称之为“约拿情结”。它反映了一种“对自身伟大之处的恐惧”，是一种情绪状态，并导致我们不敢去做自己本来能够做得很好的事情，甚至逃避发掘自己的潜能。“约拿”用来指代那些渴望成长又因为某些内在阻碍而害怕成长的人。

我们大多数人内心都深藏着“约拿情结”，尤其是当成功机会降临的时候，这种心理就表现得尤为明显。因为要抓住成功的机会，就意味着要付出相当的努力，面对许多无法预料的变化，并承担可能导致失败的风险。我们需要克服“约拿情节”，勇敢地面对现实。

在职场上，我们要为我们所做的工作负责，就需要不断地提高自己的能力，以应对各种可能出现的挑战。如果因为惧怕成功而拒绝成长，反而会因此丢失很多机会。一个有上进心的员工，一定不能拒绝成长。

每个人都必须勇敢地面对现实，要学会成长而不是拒绝成长。在我们的工作中，有很多问题等着我们去处理，如果你拒绝成长，那么当你面对实际的问题和困难的时候，你将不知道该如何解决。在这个拒绝成长的过程中，你不仅失去了很多机会，还失去了成功的可能。

因此，不要害怕改变，也不要拒绝成长。也许改变和成长意味着你可能要放弃目前所拥有的东西，面对未知的风险，可不断地改变和成长同样让你拥有重新开始的可能，让你获得推翻从前的机会。

成长是为了让我们拥有一个完整的人生，可以更好地实现自我，并为社会创造效益。人生的每一个阶段都有独特的喜怒哀乐，一旦缺少其中的某些部分，我们可能就无法领悟生命的真谛。所以，只要我们用心珍惜每一次机会，不拒绝成长，就能领悟人生存在的意义，拥有一个完整的只属于自己的人生，在职场中逐渐地成长起来，直至走向成功。

有挑战不可怕，可怕的是缺乏挑战的勇气

现实生活中，可以说挑战无处不在，如果我们要迎接属于自己的人生，唯有积极地参与社会上的各种竞争，坦然地接受生活中的各种挑战，在适当的时候还要勇敢地进行一些必要的冒险。从踏上职场这条路起，就让勇气一路随行吧。

我们今天生存的这个社会空间，已经不是论资排辈、倚老卖老、悠闲自得的轻松时代了，随时都可能会有突如其来的风暴把自己多年经营的梦想击得粉碎，让你无法面对。唯有勇敢地参与竞争，不停地找准自己的立足点，用双倍的努力来完成自己的使命，才能跟上时代的步伐。

没有挑战，工作就没有生机。想要工作得精彩，必须带着随时迎接挑战的勇气，因为工作是一次旅行，你必然要跋山涉水，走过荆棘。倘若你遗弃了勇气这个朋友，你永远都不会有登高望远览胜景的机会，只能停留在原地，做井底之蛙。

有两个刚刚毕业的年轻人同时到福建一家运动鞋厂竞聘。作为考察，公司派他们去非洲某个部落推销新产品。两个人都接受了这次挑战，因为进入这家企业是他们共同的理想。

小陈来到非洲后，看见人们都赤着脚，很是奇怪。他找到一位

妇女介绍他们的产品，妇女不屑一顾地说："真好笑，我们这里从来不穿鞋。别费力气了!"小陈听后，非常失望，赶忙打电话给公司总部，说这里的人根本不穿鞋，无法开拓市场。然后，他就离开了这里。

小蔡来到非洲后，面对同样的问题，但他并没有打退堂鼓。在遭到同样的嘲弄之后，小蔡对一位妇女说："你先试着穿上这双鞋，走几步，看看是不是比不穿鞋要舒服一些呢?"妇女照着他的意思这样做了，感觉确实舒服了很多。

有了这次成功的尝试后，小蔡得到总部的支持，在这里举行了一次营销活动。他找来两批人，第一批人穿上他们的鞋子，第二批人不穿他们的鞋子，然后两批人进行跑步比赛。

第一批人由于穿了鞋子不怕疼，更快地到达了终点。第二批人由于担心脚下的沙石扎着脚，所以跑得很慢。由于事先请了媒体来报道，这地方的人一下子都知道了穿鞋子的好处，货很快被当地人一抢而空。

结果，小陈回国后，没被公司录用，而小蔡不但被正式录用了，还破格升了职。

其实，大多数时候我们面临的各种挑战并不可怕，可怕的是缺乏挑战的勇气。命运不是天注定的，没有人敢断言你的失败与否，关键看你是否有足够的勇气去迎接挑战。

1998年，卡拉德大学毕业，获得了市场营销专业学士学位。他想成为世界500强之一的石油公司的成员。但是，这家巨型企业只招收硕士生和博士生，而且招聘程序极为严格，每一轮筛选都要经过专业机构的基本测试，仅有学士学位的卡拉德想进这家公司是很难的。

朋友们劝他说："将牌押在这里太冒险，千万别浪费时间！"

但卡拉德却十分坚定。

尽管他认为自己的测试做得很好，但是竞争太激烈了，面试名单中没有他，这使得他很沮丧。为了参加面试，他专门研究过那家企业，对申请的职位有着十二分的激情。他苦苦思索，考虑着自己申请的职位、专业知识、能力和兴趣，他要应聘的不过是一名市场人员，他渴望成为石油公司的一员。时间一秒秒地过去了，他突然意识到，与其在等待中浪费时间，不如再争取一次。于是，他给公司的HR发了一封长长的邮件，他写到："为了到这里工作，我已经做了好几年的精心准备，因为我太爱这份工作了，可你们为什么不给我面试的机会呢?"

第二天，卡拉德很快收到了回信，他获得了面试的资格，成为同批应征者里唯一的学士毕业生。经过层层选拔，卡拉德的"冒险行动"成功了！他如愿以偿地成为该公司市场部的一员，负责当地市场润滑油的销售工作。凭着出色的表现，卡拉德2001年开始负责全美润滑油零售业务。可是，那些比他学历和资历高的人会听他的吗？这无疑又是一次挑战。

卡拉德上任后，分析了在润滑油销售中存在的问题和可能的机会。他根据每位员工的资源和特点，安排各自负责的市场区域。因为决策正确，公司打破润滑油在美国市场的份额连年下降的局面，出现小幅度攀升。为此，他受到那些学历和资历比他高的下属的敬佩和爱戴。

2005年年初，鉴于卡拉德的卓越战绩，石油公司CEO布拉德先生提拔卡拉德为这家公司旗下某公司的研究与工程部经理。之后，卡拉德在职业生涯中走得越远，做得越辉煌。

卡拉德是一个敢于挑战的人，他的职业经历就像一个充满了冒险的旅程。要消除职场中的一切风险，这是绝对不可能的，但你完全可以进入一个自己陌生或略感不适的领域，并取得非凡的成绩，前提是你对自己有清醒的认识。世界上大多数人不敢走充满挑战的捷径，他们宁愿在平安的大道上四平八稳地走着。这条路虽然平坦安宁，然而距离人生风景线却是迂回遥远，因而这些人也永远领略不到奇异的风光和壮美的景致。生命运动从本质上说就是一种探险。如果不能主动地迎接风险的挑战，便是被动地等待风险的降临。风险是客观存在的，只有不畏风险，勇敢地迎接挑战，你才有获取成功的机会。

比尔·盖茨说："最美好的财富人生始于个人敢于行动的气魄。"如何使你的创意成为现实，让你充满激情与生命力的梦想成真？只要你拥有挑战的勇气，成功就在向你招手！

“三学员工”：无时不学、无事不学、无人不学

学历只代表过去，只有学习力才能代表将来。如果一个人停止了学习，不及时充电，就会失去能量，被飞速发展的时代所抛弃。时代要求我们不断地学习，“无时不学、不事不学、无人不学”是一种信念，也是一种可贵的品质。它是自我完善的过程，也是我们在现代社会立于不败之地的秘诀。

现代社会是信息爆炸的时代，无论知识还是技术都是日新月异，在竞争激烈的职场中，不断学习对员工来说已经成为一种必然。信息时代，每天新出版的图书、报刊和新涌现的科学发明创造成千上万，而我们学习吸收知识的时间、能力、条件均有限，不可能一劳永逸，以不变的知识结构去应付迅速变化的社会现实，一刻止步不前就有可能使我们与迅速变化的现实社会脱节。

就像一块电池，如果持续不断使用却不充电，那么电池最终会失去电力，成为废品。员工只有不断学习才不会被社会所淘汰，才能获得成功。学习对我们来说也不是某个阶段性任务，而是永无止境的。

系山英太郎，一位在日本政商界呼风唤雨的显赫人物，30岁即

拥有了几十亿美元的资产；32岁成为日本历史上最年轻的参议员。2004年《福布斯》杂志全球富豪排行榜上显示，系山英太郎个人净资产49亿美元，排行第86位。他的赚钱秘诀何在？系山英太郎回答道："善于学习是制胜的法宝。"系山英太郎碰到不懂的事情总是拼命去寻求解答，遇到不懂的问题，他会虚心向前辈们请教；碰到棘手的事情，他会认真钻研解决方法。通过推销外国汽车，他领悟到销售的技巧；通过研究金融知识，他懂得如何利用银行和股市让大量的金钱流入自己的腰包……即使后来年龄渐长，系山英太郎仍不甘心被时代淘汰。他开始学习电脑，不久就成立了自己的网络公司，发表他个人对时事问题的看法。即使已进老迈之年，系山英太郎依然勇于挑战新的事物，热心了解未知的领域。

正是凭借"无时不学、无事不学、无人不学"，系山英太郎让自己始终站在时代的潮头之上。所以，如果你想事业有成，如果你想使自己的人生富有意义，就把"无时不学、无事不学、无人不学"当作你的人生信条吧。

著名企业家李嘉诚是众所周知的华人商业领袖，虽然已过古稀之年，但是仍旧驰骋商场，是一位无时不学的楷模。小的时候，李嘉诚想方设法博览群书，为自己的成长和事业的成功打下坚实的基础。年轻的时候，李嘉诚努力学习粤语和英语，为自己立足香港提供了保证。即使后来功成名就了，李嘉诚也没有停止学习的脚步，学习已经成为他生命中不可或缺的一部分。

李嘉诚说："我们身处瞬息万变的社会中，全球迈向一体化，科技不断创新，先进的资讯系统制造新的财富、新的经济周期、生活及社会。我们必须掌握这些转变，应该求知、求创新，加强能力，在稳健的基础上力求发展，居安思危。无论发展得多好，你时刻都要做好准备。财富源自知识，知识才是个人最宝贵的资产。一个人只有不断填充新知识，才能适应日新月异的现代社会，不然你就会被那些拥有新知识的人所超越。”

在六十多年的从商生涯中，李嘉诚一如既往地保持着旺盛的求知欲望。直到现在，李嘉诚还保持着学习的习惯，坚持每天晚上睡觉前，都要看半个小时的书或是杂志，关注文学、历史、哲学、科技、经济等多个方面，了解行情、学习知识、把握信息。有人曾问他：“今天你拥有如此巨大的商业王国，靠的是什么？”李嘉诚毫不犹豫地回答：“靠学习，不断地学习。”

是的，“不断地学习”就是李嘉诚取得巨大成功的奥秘。李嘉诚不仅把“无时不学”作为自己的信条，更是用自己一生的行动证明了“无时不学”的巨大力量。

人的一生很漫长，也很短暂。学习是人的天性，也是人之所以为人的一个重要原因。从你咿呀学语算起，你的学习生涯就开始了。你因学习而成长，也因学习而成熟，更靠学习而成功。即使你智商过人，你也需要不断地学习。没有几个人仅靠先天的遗传而成功，后天的学习和努力才能成就一个又一个辉煌的人生。

不要认为学习只是阶段性的任务，学了一些东西就够了。要知道你所学的不过是沧海一粟，还有很多很深的东西等待你去掌握。你要细心观察、留心学习，抓紧一切可以学习的时间，关注一切可以学到知识的人和事，做到无时不学、无事不学、无人不学。

我有位高中同学，他毕业于厦门大学的英语专业，他希望能在国际教育交流领域创出一番事业，目前任职于国内某高校涉外部门。在正常工作之余，我这位同学利用业余时间自学了市场营销和电子商务等课程，而且主动承担起部门网站编辑和国际交流活动策划等工作，并且成功组织了各项活动。通过努力，网站的质量也受到上司的好评。

几年后，由于部门管理的混乱，他自己也感觉这样继续工作毫无前途可言，便跳到一家国际教育发展投资公司做市场调研员，开始了每天在外跑业务的生活。我同学只用了一年多的时间就成为公司的业绩标兵，并升职做了主管。后来，他又被安排到市场部，担任市场部经理助理。在这个阶段，他开始全面接触市场工作，工作激情和绩效非常高。在助理的位子上，他充分发挥出自己的特长，特别在市场策划方面显示出了过人的能力。

有一年春节我们聚会，我和他聊得很畅快。期间，他回忆起了之前的艰辛，也憧憬着以后的幸福，而让我记住的则是一句话：

“一个年轻人，不一定要终身受雇，但一定要终身学习！”

这句话让我那天晚上在回家的路上思索良久。

很多员工，进入社会几年后就丧失了上进心，他们认为自己目前所掌握的知识足够一生所用了，于是就开始吃起老本来。殊不知，即使有一些工作业绩，也只能表明过去。如果想在这个行业中继续下去，充电是唯一可行的方法，否则的话就意味着你会“贬值”。其实，一种学习的结束，同时也意味着另一种学习的开始，社会生活是一个大课堂，是一本我们永远都读不完的书，它需要我们不断地翻阅。“无时不学、无事不学、无人不学”不仅是一种信念，更是一种持久的行动。

刚毕业时同班同学 聚会少一些，成长多一些

我们不反对大学同学聚会，只是觉得不要太频繁，太频繁了第一浪费钱，第二浪费时间，第三还会造成盲目的攀比；关于聚会的形式与内容也要相应丰富，并且相应提高档次，不要只是停留在喝酒、麻将、唱歌、聊天这样一些比较低层次的玩耍中。应该把同学的“聚会”当成真正激励自己、提升自己的“机会”，如此一来，既加深了友谊，又发展了自己，何乐不为?

有这么一个有趣的说法：人生有三铁，一起扛过枪，一起分过赃，一起同过窗。分过赃我们不去细说，扛过枪也不用质疑。我这里想说的是同过窗。

大学同学之间的情谊我觉得是非常宝贵的，也是非常纯真的，没有进入社会后与人交往的那种功利性。可以说，这是人生中非常值得珍惜的一段感情。

也因为如此，在毕业的前几年，我们大部分在同一个城市上班的同学，由于还没有建立家庭或者还是单身，就会时不时凑在一起，大家排排遣、聊聊天。这个本来是好事，也是很正常的。人们总是寻求自己熟悉的圈子，刚毕业的时候，其他社会圈子还没建起来，同事之间又不能放得很开，于是大学同学肯定是最合适的人

选。殊不知，这很容易限制自己的发展，而且是毕业后这关键的几年。

大学同班同学，是你最熟悉的人，又是你最不熟悉的人。为什么这么说呢？在大学四年，一起同窗甚至同寝室，同学的性格特点甚至生活习惯（比如打呼噜）你都了如指掌，所以说是你最熟悉的人；可是，大学同学都是来自五湖四海，他在上大学之前的成长经历、家庭背景，你可能就不一定那么清楚了。据我了解，大学同学里面，去过对方老家的人很少。这样一来，毕业后，大家的情况就非常复杂了：

找工作时，有的靠自己的努力和能力获得，有的是通过家里的关系，有的则通过自己的处世技巧……在各自的岗位上进行奋斗，有的买了房子，有的买了车子，有的结婚生子……

关于其中具体的情况，你可能就不太了解。那么，大学同学经常聚会，难免看到哪位同学买车了或者听说哪位同学买房了之类的事情，也许你表面上波澜不惊，冷静淡然。但是，在你聚会结束的路上或者回到家后，你内心深处有时会不会这样想：哎呀，想当年我成绩比那个谁好多了，怎么他现在都混上经理了，我还是个小职员啊；想不到啊，那哥们才毕业不到一年就买房子了，都是同一届的，我怎么就还租地下室呢？诸如此类。

这样就变成了你在同学的拥有里寻找你自己的痛苦。你既想从同学的拥有里找自己的影子，又想拽着同学这根绳子从自己的拥有中跳离。于是，当在同学的拥有里找不到自己的影子和拽着同学的绳子没有从自己的拥有中跳离时，就开始怨天尤人或者破罐破摔了。如此，久而久之也就把生活当作了负担，随之便会觉得生活充满了痛苦。

人比人，气死人。当你过度地和同学“凑乎”在一起的时候，就会像两只想抱团的刺猬一样，可能要被对方身上的“刺”给扎痛。

我的个人建议是：大学同班同学聚会是必要的，但还要扩展自己的交往面。比如，可以多找你的学长学姐，在同一个行业里发展，他们有过来人的经验，即使他们发展得比你好，你也心安理得；或者可以找与你相邻行业的朋友或校友，大家都在奋斗，又是不同行业，收入不同你也不会眼红，而与他们交往聚会，还能给你提供一些对你职业发展有益的信息。

在同一个城市的同学，有时搞点小聚会，对于友谊的加深和资源的共享是很有好处的。但是，不能太频繁，一是很多人没时间，二是造成金钱的负担，三是失去新鲜感。

一般的大学同学聚会都是这样：

找个理由，比如哪位同学过生日之类，于是在某个周五或周六晚上，提前通知好一个吃饭的地方，大家陆陆续续地赶来。开始吃饭，一大帮人热热闹闹，有说有笑。不过，和当年毕业吃散伙饭时的依依惜别、泪眼朦胧相比，毕业后的聚会，大家都显得用力过度：大声喧哗、使劲喝酒抽烟，根本就没有说说话、谈谈心的机会，还不如私底下的三五人小聚。

饭吃完了，有的回家，有的继续战斗，比如换个地儿继续喝，或找个地方K歌，或找个棋牌室打麻将，有时候甚至玩个通宵。年轻人兴奋起来总是有无穷的精力，闹一晚上都不累。可是第二天，就要因为前一晚上的通宵而精力不济，昏昏沉沉，甚至补觉大半天，影响了本来安排好的事情。

通宵喝酒、麻将这些活动作为偶尔消遣一下生活可以，但是对于提高生活质量，提升个人价值没有任何意义。毕业这几年，不是消遣生活的时候，还是得把主要精力用在发展自身上面。

说句玩笑话，聚会就是“痛并快乐着，然后又麻木着”。快乐的是好久不见、生疏了的同学又能聚在一起，交换生活的见闻和感触。可是，一旦聚会变得频繁，就成了“甜蜜的负担”，不管是在经济上、身体上，还是精神上都会有一定的压力。

刚刚毕业两三年的同学，一般都是在行业里的基层，大家一样的起点，要说让谁帮得上谁，还真是比较难。其实，在大家毕业5年甚至10年时，再好好地聚一次，就会发现，各自的变化很大，这个时候，大家的行业资源以及人际关系才能真正用得上。这样的聚会，才真正的有意义。

专注与坚持可以让成长迈步在正确的道路上

那些在比你更早走上成功之路的人，不是因为比你聪明，而是比你花了更多的时间来做事。无论智商的高低，只要不是差距太大，如果能专注、坚持地往一个正确的方向努力，总是会有或大或小的成功。不能成功，很多时候在于自己对目标的游离，贪多求全，踯躅不前、走弯路的时间多过了正确道路上行走的时间。

一位毕业后不停更换工作、最后一无所成的人曾经这样感叹："如果能以对待孩子的耐心来对待工作，以对待婚姻的慎重来选择去留，也许事业会是另外一番样子。"的确，世界上没有全能的奇才，你充其量只能在一两个方面取得成功。在这个物竞天择的年代，你只能聚集全身的能量，朝着最适合你的方向，专注地投入，才能成就一个优秀的你。

职场上那些取得一定成就的人，最大的成功因素就在于他们从一开始就有着成熟和清晰的职业目标，较早地为自己量身定做了科学、合理的职业生涯规划路线，并能及时地、不断地进行纠偏和矫正，并且沿着这个职业路线坚定不移地走下去。

当我们开始工作后，所要走的职业生涯路线，一般有两种：篱笆式和螺旋式。

篱笆式就是指在人生的不同阶段，从事了不是很相关的行业、职业，虽然看起来人生经历很丰富，但是实际上人生质量并没有什么制高点。可能你前十年从事的是销售，后五年又从事了技术，再8年又做了服务，又3年做了文员……反正都如同篱笆的竖条，整齐排列着，但并没有什么特别出彩的地方。

螺旋式，则是指在人生的不同时期，虽然也是从事了很多份工作，但是这些工作都是有相关性，都是同一个职业或者同一个行业，并且是一个不断向上递进的过程，就如同螺旋一样上升。比如做销售，从普通的销售到区域主管，从区域主管到大区总监，从大区总监到中国区销售经理……尽管处于不同的职位，但是都和销售有关。这样，保持了职业的连续性，资源不会浪费，努力不会作废，有利于让自己不断向上提升。

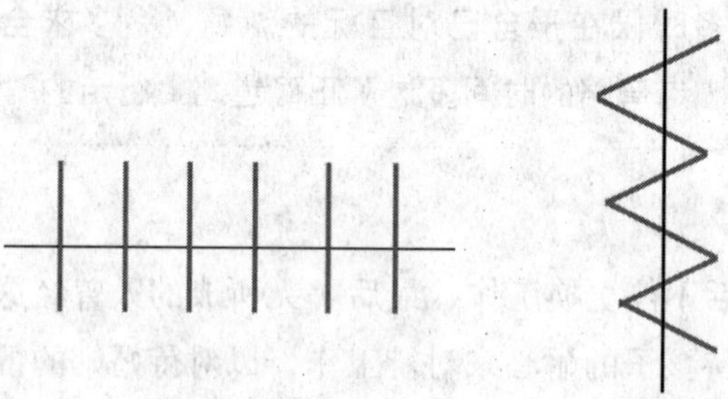

篱笆式　　　　螺旋式

如果说螺旋式的职业路线代表着一种专注于正确的方向，那么，接下来说的“滚雪球”则代表了一种坚持。

2009年1月，在从北京到武汉的火车上，我读了《巴菲特传》，里面讲述了这样一个故事：

1939年冬天，9岁的巴菲特和妹妹在院子里玩雪。巴菲特用手接着雪花。一开始是一次一片；接着，他把少量的雪堆积到一块儿，揉成一个雪球。雪球变大之后，巴菲特把它放到地上，推着雪球慢慢滚动。巴菲特每推一下，雪球就会沾上更多的雪，从而变得越来越大。他推着它滚过草坪，来到了院子边上。片刻的犹豫之后，他继续向前，推着雪球穿过附近的街区。

从那里开始，巴菲特一直朝前行进，把眼光投向白雪皑皑的整个世界……巴菲特说："复利就像从山上往山下滚雪球。"在以后的人生中，巴菲特一直遵循着这种滚雪球的信念，不管是他的人生还是财富，他都成为一个"滚雪球"的高手。

当时，看完这个故事，我很受启发——第二天，就赶紧做了两件事：

第一件事是，因为正值春节期间，该短信拜年了，我就根据这个"滚雪球"写了这么一则短信："人生就像滚雪球，后面的成功来自前面的积累，个人的荣耀依靠大家的支持。愿您在新的一年里，像巴菲特一样富足，像奥巴马一样胜出！祝您新年快乐！"

第二件事是，我对巴菲特所说的"人生就像滚雪球，最重要的是发现很湿的雪和很长的坡"进行了思考，问了自己两个问题："你现在是抓着几片雪花，还是已经滚起了雪球？"；"新的一年里，你如何让人生雪球滚得更远、滚得更大？"

不管是财富还是职场，成功的过程都像滚雪球。你要是能够做到比别的人多付出一分努力，就意味着比别的人多一次成功的机会。成功无所谓什么方法，无所谓什么途径，成功需要的只是一点一滴的专注和坚持。

职业旅途，就如同在雪地行走。或许，天空飘着的几片雪花被你幸运地抓到手里了。可是这样你就满足了吗？职业发展需要专注与坚持，所有成功的"大雪球"都是为专注与坚持的人准备的。巴菲特说："人生就像滚雪球，最重要的是发现很湿的雪和很长的坡。"从这几年开始，让自己沉淀下来，"雪花"会很快融化，"雪球"才能长久。

当员工这几年是人生的积累期，现在的你，可能就只是几片“雪花”或者是可怜巴巴的小“雪团”。但是，如果你不断地去坚持，就能让自己人生的小“雪团”不断吸收新鲜的“雪液”，慢慢地就有了成为大“雪球”的可能！成功有没有“秘密”？有！这个秘密就是专注与坚持！

第二章

拥抱成长，成功接踵而来

成长并不容易，但是当你下定决心去做的时候，就会把有助于自我成长的行为和思考变成习惯，工作就充满了机遇。成长，让我们逐渐感悟到工作的价值。理解成长，便是理解生命；勇敢地成长，便是创造生命。让我们拥抱成长，拥抱未来。

成长确实比成功更重要

杨澜曾经说过："你可以不成功，但不可以不成长。"成功对于我们来说的确很具有吸引力，想到成功，我们仿佛就看到了鲜花和掌声，拥有了实现自我的动力。可是，究竟是成功重要还是成长更重要?

在如今这个以成败论英雄的职场，很多人都在想着如何成功，但却鲜有人想到要如何成长。著名电视节目主持人、阳光文化影视公司董事局主席杨澜有过这样一段精彩的阐述："每个人都在成长，这种成长是一个不断发展的动态过程。也许你在某种场合和时期达到了一种平衡，而平衡是短暂的，可能瞬间即逝，不断被打破。成长是无止境的，生活中很多是难以把握的，甚至爱情，你可能会变，那个人也可能会变；但是成长是可以把握的，这是对自己的承诺。"

人生是一次充满神秘、浪漫、风险和艰辛的旅行。如果说成功是我们在人生旅途中到达的几处景点，成长则是我们渐臻完美地走完人生的旅程。成功是人生某一阶段的某一个结果的呈现，是对自己人生态度的一种彰显；而成长则是持续的自我超越，最终我们将找到人生价值和内心平静。每个人都在成长，尽管我们再努力也不可能成为刘翔，但我们依然能够享受奔跑。这一辈子你可以不成功，但不能不成长。成长是通向成功的旅程，成长比成功更重要!

阿里巴巴总裁马云曾在毕业后当了6年半的英语老师。期间，他成立了杭州首家外文翻译社。1995年，“杭州英语最棒”的马云受浙江省交通厅委托到美国催讨一笔债务。结果是钱没要到一分，却发现了一个“宝库”——在西雅图，对计算机一窍不通的马云第一次上了互联网。刚刚学会上网，他竟然就想到了为他的翻译社在网上做广告，上午10点他把广告发送上网，中午12点前就收到了6封E-mail，分别来自美国，德国和日本，说这是他们看到的有关中国的第一个网页。“这里有很大的生意可做！”马云当时就意识到互联网是一座金矿。

噩梦般的讨债之旅结束了，马云灰溜溜地回到了杭州，身上只剩下1美元和一个疯狂的念头。马云的想法是，把中国企业的资料集中起来，快递到美国，由设计者做好网页向全世界发布，利润则来自向企业收取的费用。马云找了个学自动化的“拍档”，加上妻子，一共三人，两万元启动资金，租了间房，就开始创业了。这就是马云的第一家互联网公司——海博网络，产品叫做“中国黄页”。在早期的海外留学生当中，很多人都知道，互联网上最早出现的以中国为主题的商业信息网站，正是“中国黄页”。所以国外媒体称马云为中国的Mr. Internet。1999年，马云在杭州创办了“阿里巴巴”网站。

通过上面的事例我们看到，马云的成功并非一步登天，他由一名英语老师慢慢成长，最后才成功创办“阿里巴巴”。如果没有之前作为英语老师的经历，也就不可能有之后的“阿里巴巴”。从他身上，我们更加能够真切地体会到成长的重要性，成功是一种结果，而成长则是一个过程。我们不能一味的追求结果，而忘记了享受过程。

力帆控股有限公司董事长、重庆市政协副主席、全国政协委员、中国光彩事业促进会副会长尹明善先后做过工厂的英语资料译员、重庆广播电视大学英语教师、重庆出版社编辑。虽然有了较为稳定的工作，但闲不住的尹明善总在寻找真正属于自己的机会。1983年，重庆外办下属的一家涉外科技咨询公司亏损30万元，经人举荐，尹明善走马上任，通过两年的打拼，企业扭亏为盈，盈利100万元。尹明善经商的才能初露锋芒。1985年底，尹明善毅然决定放弃"铁饭碗"，自己创业，离开涉外公司正式下海创办了重庆长江书刊公司，成为重庆最早也是最大的书商。在出版行业做了3年之后，1989年，已经成为重庆市最大的民营二渠道书商的尹明善突然宣布退出出版业。

1991年，重庆一位经营校办摩托车厂的朋友和尹明善聊天时说起，他每个月要到河南买几百台发动机，价格很高，质量又差，而重庆本地的嘉陵、建设是不愿意把发动机卖给其他小厂的。尹明善从中嗅到了商机，决定倾注他第一次创业时掘获的全部20万元资金，进入摩托车行业并创立了力帆集团。十年后的2001年，力帆集团出口创汇2.02亿美元，在全国摩托车企业中首家出口创汇突破1亿美元，成为全国当之无愧的摩托车出口老大。2005年力帆出口2.6亿美元，出口量占到总销售量的35%，利润却占到75%。尹明善对此还不满足，力帆的目标是把国外市场的销售量提升到总销售量的50%。

2004年，尹明善宣布挺进汽车制造业，"两轮变四轮是我最大的梦想。"尹明善的第一辆四轮轿车在2005年4月初亮相于重庆国际汽车展览会上。2005年12月16日，发改委批准了力帆集团的汽车生产资格，力帆轿车有了准生证。

一步又一步，尹明善的创业经历再一次验证了成长比成功更重要。正是由先前积累的资金、人脉和经验，尹明善最终才能走上成功的塔尖。你或许才走出校门，胸怀大志，有满腔的热情，梦想着财富之门、成功之门在你面前打开……你或许工作了三五年，每日朝九晚五，按部就班，而平淡的工作掩不住你一颗不甘的心，你总在想，我应该还能做点什么……你或许工作了十年、二十年，有一个安稳、幸福的家，平日里，呼朋唤友，高朋满座，热闹中，看着昔日同学、同事有的商海有成、意气风发，你会想，我为什么不能……你或许曾经商海沧桑，伤痕累累，但一颗永不言败之心仍在，你正在寻找、在自问：成功到底为何物，人生的终极目标到底在哪里……

现在，疑惑已经解开，答案已经浮出水面：成长比成功更重要。成功是一颗钻石，而成长则是一条充满荆棘的道路。很多人为了那一颗钻石而披荆斩棘，却不知享受自己不断超越阻碍、奔向成功的成长之路。在成长的过程中，我们收获了比钻石更珍贵的人生经验。通过人生经验的积累，我们甚至可以得到几十颗更大、更美的钻石。

成长带来的最大受益者是你自己

在工作中，你可能活干得比别人多，你可能钱拿得比别人少，你可能经常加班，你可能独自值勤，你可能无偿奉献……因此你可能觉得自己的付出多于获益，觉得自己亏了。其实，对员工而言，成长带来的最大受益者恰恰是你自己。

现实社会中，在很多员工看来，我为公司干活，公司付我一份报酬，等价交换，仅此而已。许多员工将最大的受益者归于公司，不断地为自己的懒惰和无知寻找理由：有的说老板对他们的能力和成果视而不见；有的会说老板太吝啬，付出再多也得不到相应的回报……没有了信心，没有了热情，工作时总是采取一种应付的态度，宁愿少说一句话，少写一页报告，少干一个小时的活……他们将薪水当作自己唯一的收益，只想对得起自己目前的薪水，却从未想过是否对得起自己将来的薪水，甚至是将来的前途。很多人因为不满足于自己目前的薪水，而将比薪水更重要的东西——成长也放弃了。

过多地纠缠于薪水的高低，只为薪水而工作绝对不是明智的人生选择。一个人如果总是为自己到底能拿多少工资而大伤脑筋的话，他又怎么能看到工资背后可能获得的成长机会呢？他又怎么能意识到从工作中获得的技能和经验，对自己的未来将会产生多么大的影响呢？这样的人只会无形中将自己困在装着工资的信封里，永远也不懂自己真正需要什么。

如果员工以一种更为积极的心态对待工作，把工作看成一种经验的积累，显然，任何一项工作都蕴含着无数成长的契机。不要刻意考虑工资的多少，而应珍视工作本身给你创造的价值。要知道，公司支付给你的是金钱，而你的努力赋予你的是可以令你终身受益的能力。能力比金钱重要万倍，因为它不会遗失也不会被偷。许多成功人士的一生跌宕起伏，有攀上顶峰的风光，也有坠入谷底的失意，但最终重返事业的巅峰，俯瞰人生，原因何在？是因为有一种东西永远伴随着他们，那就是能力。他们所拥有的能力，无论是创造能力、决策能力还是敏锐的洞察力，既非一开始就拥有，也不是一蹴而就，而是在长期工作中积累和学习到的。在成长中他们学会了解自我、发现自我，使自己的潜力得到充分的发挥。

从前有座山，山里有座庙，庙里有个小和尚。他从小父母双亡，是寺院的众僧把他抚养成人。当然，他也为此付出了很大的代价。每天清晨，他要去担水、洒扫，做过早课后还要去寺后的市镇上购买寺中一天所需的用品。回来后，还要干一些杂活，晚上师傅还让他读经到深夜。就这样，在晨钟暮鼓中，小和尚渐渐长成了健壮有力的少年。

有一天，小和尚和其他小和尚一起聊天，他得知别人都过得很清闲，只有他一个人整天忙忙碌碌。他还发现，虽然别的小和尚偶尔也会被分派下山购物，但去的都是山前的市镇，路途平坦距离也近，买的也大多是些比较轻便的物品。而十年来，方丈一直让他去寺庙后的市镇，要翻越两座山，道路崎岖难行，回来时肩上还要背又重又多的物品。于是，小和尚带着诸多不解找到方丈，问：“为什么别人都比我轻松呢？没有人强迫他们干重活、读佛经，而我却要干个不停呢？”

“阿弥陀佛……”方丈低吟一声，颔首而过。

第二天中午，小和尚扛着一袋小米从后山走来时，发现方丈正站在寺院的后门旁等着他。方丈把他带到寺院的前门，坐在那里闭目不语，小和尚不明所以，便侍立一旁。

日已偏西，前面山路上出现了几个小和尚的身影，当他们看到方丈时，一下愣住了。方丈睁开眼睛，问那几个小和尚：“我一大早让你们去买盐，路这么近，又这么平坦，怎么回来得这么晚呢？”

几个小和尚面面相觑，说：“我们说说笑笑，看看风景，就到这个时候了，十年了，每天都是这样啊！”

方丈又问身旁侍立的小和尚：“寺庙后的市镇那么远，翻山越岭，山路崎岖，你又扛了那么重的东西，为什么回来得还要早些呢？”

小和尚说：“我每天在路上都想着早去早回，由于肩上的东西重，我才更小心、更加紧速度，所以反而走得又稳又快。十年了，我已养成了习惯。”

这个小和尚就是后来著名的玄奘法师，他对东西方佛教的发展做出了不可估量的贡献。当年方丈对他的锤炼造就了他辉煌的人生，正是因为看中了他坚韧的品质，方丈才加紧对他进行锤炼。

正是十年如一日的磨炼，使玄奘获得了比其他人更快更多的成长，这种成长给玄奘带来的巨大收益最终也在他对佛教的发展贡献上完美地表现了出来。

职场上同样如此，你要相信最大的受益者是你自己，工作所给予你的要比你为它付出的更多。如果你将工作视为一种积极的学习经验，那么，每一项工作中都包含着许多个人成长的机会。你要做的应该是用更多的时间去接受新的知识，培养自己的能力，展现自己的才华。在你未来的资产中，它们的价值将远远超过你现在所积累的货币资产。当你从一个新手、一个无知的员工成长为一个熟练的、高效的管理者时，你实际上已经大有收获了。你可以充分发挥这些才能，从而获得更高的报酬。成功人士的经验向我们揭示了这样一个真理：如果工作时全力以赴，不敷衍了事，不偷懒混日子，即使现在薪水微薄，未来也一定会有所收获。

总之，无论是我们的努力没有得到领导的认可还是公司没有给予我们相应的回报，我们都不要懊丧，也不要以此为由放弃努力。我们可以换一个角度来思考：现在的努力并不只是为了现在的回报，也是为了将来。我们投身于工作是为了自己，是在为了自己而工作。我们要在工作中不断地充实和提高自己，因为，成长带来的最大的受益者是我们自己。

帮助员工成长就是帮助企业成长

对于高科技时代的企业来说，竞争其实就是人才的竞争，企业应该给员工提供更好的平台，帮助员工成长，因为只有员工好了，企业才会真的好！没有企业的成长，就没有员工的自我实现；没有员工的成长，就没有企业的长盛不衰。

优秀的企业之所以能够发展壮大，就是因为它们具有竞争力，而且不是一时一事的竞争力，而是持续的、均衡的竞争力。这种竞争力使其在参与竞争的过程中，所向披靡，并且不断强大。而企业的持久竞争则来自于企业的员工，只有员工具有永不满足、积极进取的精神，企业才能获得持续的成长。

如果将企业管理比喻成一个有效的磁场，那么企业与员工就应该是这个磁场的正负极，平等而且相吸，只有互相吸引才能凝聚更沉重的分量。

有不少领导总是抱怨员工素质太低，或者是“指挥一下动一下”的消极怠工者。而员工也发现，企业不能帮助他们实现自己的理想和目标。于是，在领导与员工之间就产生了紧张、冲突的工作关系。两者之间的磁场发生了排斥，不能互相吸引，早晚会落个各奔东西的下场。当然，这里面有领导的原因，也有员工本身的原因，关键是如何摒弃这些问题，运用另外一种方式取而代之，使之成为推动企业发展的力量。

对于企业来说，好的管理就是要创造一个员工成长的环境，让员工的成长推动企业的发展，而一个糟糕的管理则可能造成不同行为和目标的员工之间以及员工与组织目标之间的冲突。只有领导认识到，帮助员工成长就是帮助企业成长，员工的成功就是企业的成功这一重要的前提，将组织目标与员工个人的发展目标紧密结合起来安排其工作、培训和职业发展，充分体现有计划地造就员工成功的过程，才能让员工更好地为组织目标服务。

每个员工都有可能为企业的成长做出贡献，但这不是自发的。所以，企业的领导在注重客户的同时，必须注重员工，通过培训等方式，给员工提供一个很好的成长平台，帮助员工更快地成长。

当前，企业对员工的培训已成为企业经营管理的重要内容，多数企业将培训视为提升员工素质，提高公司绩效的重要途径，有的企业还将它当作给予员工的最好福利，这已逐渐成为一种潮流。

很多大企业对于员工的培训都是不吝重金的。一项调查表明：一般跨国公司的培训费用是其营业收入的2%～5%，尤其是爱立信公司，对员工的培训投资已达到了10%。爱立信公司的员工培训由低到高共分为三个层次：适用于全体员工的基本技能培训、提高专业能力的专业培训和领导能力的培训。而无论何种层次的培训，贯穿其中的核心课程都是学习能力的培训。这种独特的前瞻性培训理念站位高、立意远、效果显著。

许多世界顶级企业都建立了具有自己特色的培训系统。IBM就有号称“魔鬼”训练的员工培训。

IBM的员工培训被员工称为是“魔鬼训练营”，因为培训过程非常艰辛。除行政管理类人员只有为期两周的培训外，IBM所有销售、市场和服务部门的员工全部要经过三个月的“魔鬼”训练，内容包括：了解IBM内部工作方式，了解自己的部门职能；了解IBM

的产品和服务；专注于销售和市场，以模拟实践的形式学习IBM怎样做生意，以及团队工作和沟通技能、表达技巧等。这期间，十多种考试像跨栏一样需要新员工跨越，包括：做讲演，笔试产品性能，练习扮演客户和销售市场角色等。全部考试合格，才能成为IBM的一名新员工，有自己正式的职务和责任。之后，负责市场和服务部门的人员还要接受6～9个月的业务学习。

IBM非常重视素质教育，基于此，IBM设置了“师傅”和“培训经理”这两个角色，将素质教育日常化。每个新员工到IBM都会有一个专门带他的“师傅”，而培训经理是IBM专门为照顾新员工、提高培训效率而设置的一个职位。事实上，在IBM培训从来都不会停止，不学习的人不可能待下去。从进入IBM的第一天起，IBM就给员工描绘了一个学习的蓝图。课堂上，工作中，经理和师傅的言传身教，员工自己通过公司内部的局域网络自学，总部的培训以及到别的国家工作和学习等等，庞大而全面的培训系统一直是IBM的骄傲。鼓励员工学习和提高，是IBM培训文化的精髓。如果哪个员工要求加薪，IBM可能会犹豫；如果哪个员工要求学习，IBM肯定会非常欢迎。

通过培训帮助员工成长不仅能够有效地推动企业的发展，对于员工个人能力的提升以及个人的成长和发展也具有十分重要的意义。从员工自身的发展角度来看，通过各种层次、各种类型的培训来提高自己的理论和技术素质，以适应工作岗位职责的需要，使自己做得更好，不仅能为企业做出应有的贡献，而且也会实现自己的职业发展目标。

成功和有效的员工培训与培养计划，不仅可以帮助员工更好、更快地成长，提高员工的素质，而且可以满足员工自我实现的需要，从而增强企业凝聚力，促进企业成长。

越成长，越成熟，越成功

成长、成熟、成功，是人生的三个台阶。在竞争激烈的今天，人人都希望自己能够成功，然而成功却总是青睐一小部分人。于是，有的人怨天尤人，恨命运不公；有的人随波逐流，丧失理想。其实，成功离我们并不遥远，但你必须一步一步地跨越从成长到成熟，再到成功的三个阶段。

俞敏洪曾经说过："暂时处于同一水平的人，在几年以后可能就会显出这样或那样的差距来。"今天的无所作为，就是明天支付沉重的"人才折旧费"的源头。因为人生的每一秒，不是为成功做准备，就是为失败做准备。

你为明天准备好了吗？

一个人在他成功之前，曾用了大部分人所不知道的时间去准备成功。正如这样的一句话"要想人前显贵，就要人后受罪"一样。做任何事只要每天比别人多做一点点，做好一点点，使自己比别人以更快地速度去成长和成熟，你就能更快地获得成功。

成长和成熟是成功的基础，一个人如果不追求成长，那么就跟动物没有区别。人之所以比其他动物高级，那是因为人可以成长自己。人可以通过思想和行动来改变自己的生活和命运，而动物做不到。三千年前的动物与现在的动物是没有太大区别的，而人却可以通过自我成长，改造生活，改造社会。古人没有享受到的生活，我们今天享受到了。人们衣食住行的生活质量之所以提高，这是因为人类成长的结果。

“物竞天择，适者生存”，达尔文的进化论在职场同样适用。当今时代，知识更新加快，每个人都应该不断地寻求进步，去探索新的工作方式，只有这样才能创造出新的价值。如果你不去学习，不迫使自己不断成长，不迫使自己变得成熟，而一味地固步自封、墨守成规，哪怕你以前学的知识再丰富都会过时，你最终也难逃被淘汰的命运。社会的竞争和压力在逼迫着每一个人不断进步，不断成长，不断成熟!

只有我们不断地成长，不断地成熟，才有可能到达成功的彼岸。这句话充分体现在著名英语培训机构新东方的老总俞敏洪身上，为什么多年前，做英语培训的远不止“新东方”一家，唯独“新东方”能脱颖而出？现在做英语培训的也不只“新东方”一家，为何“新东方”能屹立不倒？除了运气的成分，更重要的是与俞敏洪坚持不懈的努力和成长、与他的不断成熟有着密不可分的关系。

很早以前，当俞敏洪还是一个大学生的时候，他就意识到了竞争是很残酷的，也是必须面对的，于是他开始了自己的努力。那时，他刚踏入北大校园，因为自己的江苏农村普通话而被同学们排斥，这对于一个学习英文的学生来说，那就意味着缺乏沟通和交流的机会。

俞敏洪决心改变现状。他戴着耳机，在北大语音实验室废寝忘食地练习英文听力，还杜绝了一切人情往来，也不去上课，一天十几个小时地狂听狂背，用一种疯狂的学习态度来追赶属于自己的美好未来。

这样疯狂地学习了两个半月以后，他终于能够听懂别人说的英文了，最终慢慢成为英语高手。当很多聪明的同学，面对老师讲课过程中涉及的一些生僻单词，哑口无言的时候，俞敏洪却能将其词性、词义以及延伸意思娓娓道来，令老师和其他同学刮目相看。而他也渐渐意识到，这就是自己的强项，应该坚持下来，让自己具备在未来世界参与竞争的一技之长。

靠着这样的毅力，大学毕业时的俞敏洪成为了班上小有名气的“活字典”。而且，当他离开北大的时候，他的英语技能也帮助他迅速地找到了出路，进而在英语培训上坚持了一种领先的竞争意识。

其实，这个社会有才华的人很多，但能成功的人都很少。要成功仅靠才华是不够的，得先成长，先成熟。有的人也确实很有才能，可就是不成熟。有人说，“一个人的成功85%是靠人际关系，15%是靠专业知识。”不管这个说法是否正确，至少说明了人际关系对成功的重要性。因为一个不成熟的人，他是很难处理一些突发性的事情，解决一些复杂的人际关系的。所以这种有才华而不成熟的人往往难以成功。不是他们的能力不行，而是他们对社会了解太少，对人性了解太少，虽然他们有才，但是人很幼稚，不够成熟。

因此，一个人光有才华是不能保证成功的。人生需要成功就必须让自己经历一个由成长到成熟的过程。而人生的成长、成熟到成功，还需要好好转化。因为人生的经历不等于经验，经验也不等于财富。所以一个人成长了，成熟了，但并不代表他做什么就会成功，但只要他不断地成长、不断地成熟，他获得成功的机会必然要比其他人大得多。

成长和成熟是成功的基础，如果一个人不成长、不成熟，那么他的成功只会昙花一现。因为一个不成熟的人是无法承受成功带来的喜悦的。这种人成功以后很可能会飘飘然，他意识不到成功后的危机。只有成熟的人成功才能稳定，才能持久。因为他们知道自己的成功来之不易，他们会加倍珍惜每一次的成功。同时他们还在不断成长，在为下一次的成功做准备，而不仅仅是沉迷于眼前的享受之中。

因此，人生的成功需要遵循规律性，如果没有经历成长就追求成熟，没有经历成熟就追求成功，那么这就违背了人生的成长规律。因为每个人的成功都不是一蹴而就的，而是一步一步成长起来的。就如运动员跑步比赛一样，无论多么优秀的运动员都不可能一步就跑到终点，他们都是一步一步接近终点的。职场上也是如此，要想获得成功，就要先成熟，而成熟只有通过慢慢成长才能实现。如果你想要获得成功，就要懂得：越成长，越成熟，越成功。让我们从现在开始，通过工作和生活的点滴积累起经验，获得成长，在成长中变得成熟，通过自己的奋斗实现人生的理想，最后获得成功。

输得起，才能最终赢得起

没有失败，就没有成功。一个失败者不一定能转变成一个成功者，但一个成功者，却一定曾经遭遇过或大或小的失败。一个人越不把失败当作一回事，失败就越不能把他怎么样，他就越能成功。

成功既不像我们想象的那么艰难，失败也不像我们想象的那么可怕。它们就像滔滔水面上的一座很吓人的独木桥，你只要勇敢地走过去，对面等待你的就是成功。拒绝失败，无异于拒绝成长，输不起的人往往会一事无成。

心理学上有一种“瓦伦达心态”。这个理论来源于一个真实的故事。

瓦伦达是一个很有名的钢索表演家，他以精彩而完美的高超演技而闻名。在他的表演中从未出现过意外，因此，演技团决定派他去向一个很重要的宴会献技。瓦伦达深知这次表演的重要性：全场都是上流社会的知名人物，这一次表演一旦成功不仅能为自己奠定在演技界的位置，还能为演技团带来很大的效益。因此，他在表演的前一天就开始反复地思索每个细节和每个动作怎么做。

演出开始了，他这一次没有用保险绳。因为他在多年的演出中从未出过意外，他有信心自己不会出错。但是，意料之外的事还是发生了，当他走到钢索中间，才做了两个难度并不算大的动作之后，竟然从10米高的空中摔了下来，性命不保。

事情发生后，他的妻子说："我知道这次表演一定会出事，他在演出前就不断地说，'这次很重要，不能失败'。以前每次成功的演出，他都只是想着走好钢丝，不会去管这件事可能会带来的一切。"

瓦伦达太专注于这件事情的结果，他想成功，他输不起，于是开始患得患失。如果他不去想走钢丝之外的事情，以他的技能和经验是绝对不会出事的。心理学家把这种为了达到某种目的而产生的患得患失心态命名为"瓦伦达心态"。

一个人在做事情时，不必考虑太多事情本身之外的因素。不要多想，立刻去做，没有了成败的忧郁，人就会变得放松，因为害怕失败本身就是一种失败。

每个人在成长的过程中都受到过无数次的失败，于是，失败的恐惧感便时常伴随着你。这种感觉来自于以往的被嘲笑、遭受挫折的记忆，从而造成了内心的胆怯心理，产生消极的想象力和预期的失败感。当一个人在做出一个新的决定时，其恐惧心理常常会想到曾经受过的失败的景象，于是就会忧虑退缩，裹足不前。若是有害怕失败的心理，就要学会自己去调节，把成败得失的心态放平，过程才是最重要的。

爱迪生说："失败也是我们需要的，它和成功一样对我有价值。只有在我尝试了所有的错误方法以后，我才知道做好一件工作的正确方法是什么。"从某种意义上说，没有失败，就没有成功。有时成功就像诱人的金矿，而失败就像裹在金矿外面的一层层坚硬的岩石，每敲去一层岩石，就离金矿更近一步。难怪哲人说："失败的次数越多，离成功就越近。"在杰出的成功者眼里，失败有两重性，它既能给人带来损失和痛苦，也能给人带来激励、警觉、奋起和成熟。他们总是把一次次失败，或者说把敲下来的一块块岩石，都视为成功的分子。

我们常常发现一个失败者不一定能转变成一个成功者，但一个成功者，一定曾经失败过。一个成功的人，他成功的历史，其实也是一部失败的历史。据说，世界上著名的成功人士所做的事情中，成功与失败的比例是1：10，也就是说，他们几乎要失败10次，才能换来1次成功。

一个人愈不把失败当作一回事，失败就愈不能把他怎么样，他就愈能成功；一个人如果愈害怕失败，失败就愈会缠住他，他就愈难摆脱失败。美国两位总统的竞选就是最好的说明：罗斯福不怕失败，他成功了；尼克松害怕失败，所以没有成功。

罗斯福第一次竞选总统惨遭失败后，他暂时退出政坛。不久，又因一场意外的遭遇而半身瘫痪。他瘫痪后相信自己还能成功，再次竞选时，当了总统，入主白宫。一个瘸腿人每天坐着轮椅，昂着头，挺着胸，信心百倍地去上班。他在首次就职演说中提出的那个“无所畏惧”的战斗口号，鼓舞了千千万万的听众，他说：“我们唯一值得恐惧的就是恐惧本身。”他凭着永远不承认失败，永远不甘放弃的精神，把美利坚合众国引上了一条新的发展道路。他连任四届，成为美国最杰出的总统。

尼克松在1972年竞选连任美国总统，由于他在第一任期间，政绩突出，所以大多数政治评论家都预测尼克松将以绝对优势获得胜利。然而，尼克松本人却缺乏自信，走不出过去几次失败的心理阴影，极度担心再次出现失败。在这种不良心态的驱使下，他鬼使神差地干出了后悔终生的蠢事。他指派手下的人潜入竞选对手总部的水门饭店，在对手的办公室里安装了窃听器。事发之后，他又连连阻止调查，推卸责任，在这次选举中他虽然获胜，但不久因水门事件被迫辞职。本来稳操胜券的尼克松，因害怕失败而导致惨败。

一个人的成长之路不可能总是平坦的，总有曲折甚至是障碍让你不断地跌倒。跌倒并不可怕，可怕的是跌倒之后爬不起来，尤其是在多次跌倒以后失去了继续前进的信心和勇气。唯有像罗斯福那样，不管经历多少不幸和挫折，内心依然火热、镇定和自信，以屡败屡战和永不放弃的精神去对付挫折和困境。

如果没有失败，我们就什么也学不到。有远见的企业家在选拔人才时，不仅重视一个人过去的成功，同时还重视这个人失败的经历。哈佛商学院的约翰·考科教授说："我可以想象得出，在20年前董事会在讨论一个高级职位的候选人时，有人会说：'这个人32岁时就遭受过极大的失败。'其他人会说：'是的，这不是好兆头。'但是今天，同一个董事会却会说：'让人担心的是这个人还未曾经历过失败。'"可见失败并非是坏事，因为每一次失败，都孕育着成功的萌芽，每一次失败都将使你更靠近成功。

千万不要害怕失败，因为害怕失败就是害怕生活，拒绝受伤就是拒绝成长。承受失败的能力越强，自然而然学到的经验也会越多，而累积成功的本钱相对也会增多。一个人承受失败的能力越弱，就越会想办法逃避，同时，他也就丧失了自我磨炼与成长的机会。

就让我们一起来审视生命中每一段的挫折和历练，然后，勇敢的去接受工作中所赋予你的每一个考验。因为，只有输得起，才能最终赢得起。

有原则，就不怕职场潜规则

正如“江湖”一样，职场中也存在许多无法摆上台面、写成书面的“潜规则”。人在江湖飘，哪能不挨刀。明枪易躲暗箭难防，这暗箭就是职场的“潜规则”。要想成为职场上的武林高手，你就必须有自己的独门绝技，以不变应万变，这绝技，就是坚持自己的原则。

什么是职场潜规则？它是看不见的、明文没有规定的、约定成俗的，但却又是广泛认同，实际起作用的一种规则。我们一般所说的职场潜规则大多是指“恶性”潜规则，这是与企业文化和规章制度相背的。恶性潜规则不仅有损企业形象，而且也不利于员工的长远发展。

在实际的工作中，我们会常常看到那些刚刚踏入职场的新人们，尤其是在目前竞争激烈、求职压力大的情况下，有些人被眼前的利益所诱惑，丢失了自己的原则，也渐渐地开始接受了潜规则。其实，如果你是一名有原则的员工，就不需要害怕潜规则。

陈俞倩是某广告公司的一名文职人员，已经工作3年了。在这3年里，她看到很多同事在工作和生活中都很“老道”，也经常遇到身边好心的姐妹们给她说起一些职场的潜规则，但她对这些投机取巧的做法很不以为然，仍然保持着做人、做事应有的原则。陈俞倩始终相信，只要有原则，就不怕职场潜规则。有一次，陈俞倩和部门主管一起去洽谈一项合作业务，公司定的协议价是6万，而部门主管却记成了5万元。为了不给公司造成损失，陈俞倩果断地在客户面前提醒主管报错了价格，并没有为了给这位主管留面子，主管当时很不高兴，尴尬不已。回到公司后，陈俞倩拿出报价单给主管解释。主管才知道原来确实是他自己记错了，非但没有因此而责怪他，反而因为陈俞倩维护了公司的利益而嘉奖了她。

发生在陈俞倩身边的这种事，我们也会经常遇到或看到，在处理这类问题时，有些员工往往不愿意得罪领导或同事，而是选择沉默或阿谀奉承，这是职场最普通的一种潜规则。事情往往就是这样的恶性循环，越没有原则，就越容易掉进职场潜规则的怪圈中。当有一天你不想依照潜规则行事时，却发现自己早已跳不出来了。

有人说："我有原则啊，可是人家要潜规则我，还能提前通知我不成？"苍蝇不叮无缝的蛋，若是真的坚持原则，被潜规则很难！还有人说："一辈子坚持原则的人多了，不也一样被潜规则？被潜规则厉害的，还有自杀的呢!"

其实，坚持原则是一件事，而学会灵活运用原则又是一件事。

潜规则在你身边"潜伏"，我们是要做余则成，不动声色地反手还击，各个击破，还是做李涯，强势进攻，弱势败北？

真正的能者其实既非光鲜亮丽被设计的主角，也非平凡无为被忽略的小龙套，而是活在主角与龙套之间却游刃有余的达人。他真正驾驭浪涛，再深的海也只能成为他的坐骑。他不是棋局上的棋子，因为他本身就是棋盘。

一个真正信仰原则的人，并非表面强大，而是内心非常强大。大地是石头的战场，更是小草的疆场。无论被顽石如何压制，坚韧的小草总能在缝隙中重获生机，甚至将顽石拱起移动。石头的潜规则从来不能真正战胜小草的原则。可见，真正能伤害我们的并非他人！

在职场上，我们要做一个有原则的员工。有原则的核心就是诚实守信，即说老实话、办老实事、做老实人、言行一致、讲信用、守承诺、公平竞争、共同发展。在对待工作上，要严于律已、走自己的路子，树自己的风范，要与时俱进、胸怀坦荡、求索创新；在与别人相处上，要宽以待人、谦虚待人、以德服人，要明志平心、善于沟通、勇于合作，要去尽浮云、洗却铅华、保持真我。总之，诚实坦荡，是立身、立言、立行之基石。只有做到这些，我们才不会被职场的潜规则所左右。只有有了自己的原则，我们才能够笑对职场潜规则。

每个人都有自己的思考模式和行为方式，在成长过程中，内心不断经受周围东西的触动。在遭遇潜规则时，不要轻易放弃自己的原则。正如古罗马的战士视荣誉为生命，绝不轻易放弃自己的底线。只要有原则，就不怕潜规则！

只有坚持原则，我们才能到达正确的终点！而放弃努力，被潜规则任由派遣，就会令我们偏离正确的方向！有原则，就不怕潜规则。失败和成功只在一念之间，到底如何选择，这就要看我们自己的意愿了！

有水平，就不怕职场不公平

职场从来就没有绝对的公平，想通过抱怨实现自己想要的公平，那是不可能的。想得到自己理想中的公平，唯一的方法就是：通过不断进取、不断提高自己的工作水平去创造公平。

为什么他的薪水比我高？为什么晋升的人不是我？为什么她有进修的机会，而我没有？这不公平！工作中，可能你做得最多，成绩最好，效率最高，可是升迁的总是别人；可能你的创意不错，可是你的想法却总是被安到别人的头上……的确，职场有着种种不公平的现象。不管你喜不喜欢，它们都客观存在着，都是你必须接受的现实。

工作中，很多员工仍在不停地寻找“公平”。然而，职场并没有绝对的公平，公平是相对的。“不公平”绝对不应该成为你抱怨公司和老板、对工作缺乏敬业精神的理由，你必须意识到，职场虽然没有绝对的公平，却有相对公平的竞争规则。“优胜劣汰，适者生存”，是这个世界的法则。任何一家现代企业，都十分看重员工对工作环境的适应能力。作为员工，你对工作环境的适应能力决定着你的发展成败。如果你总是对自己工作的环境大加挑剔，为你所认为的不公平整天牢骚满腹、怨天尤人，不但解决不了问题，反而因此耽误了本该做好的本职工作。

比尔·盖茨曾经说过：“社会是不公平的，我们要试着接受它。”社会上有很多公平的原则，无论是司法体系还是道德准则，都在尽量维护公平。可是即便如此，整个社会也不可能实现完全公平，无论你怎样沮丧，如何抱怨，不公平的现象也不会因此而消失。

即便如此，仍然有很多优秀的员工在努力向前，并且取得了辉煌的成就。他们也曾面临困境，也曾感到不公，甚至被困难逼迫得走投无路，然而，他们并没有固执地抱怨命运的不公，没有放弃自己的梦想和希望，而是勇敢地站了起来，成为生活的主人。在他们的身上，有太多的闪光点值得我们去学习和借鉴。

而那些自满于现有工作水平的员工，就像没有被磁化的指南针一样，习惯于在原地不动且没有方向，在工作中常常只是依赖既有的经验，不愿意去改变自己的生活及探索未知的领域，因此根本无法提高自己的工作能力和水平，自身的潜在能力也就始终得不到挖掘，所有的潜能也都在机械地操作中埋没，并随着年龄的增长而渐渐消失了。

职场中，总是会遇到一些比较困难或者自己不愿意做的事，很多人采取了消极逃避的态度，最终一事无成；而那些知难而进、勇于接受挑战、不断提高自身水平的人，往往都实现了自己的理想，为自己赢得了公平的机会。

华尔街的大银行是男性的乐园。不能否认，在人们历来的想象中，华尔街这个操纵着整个世界金融命脉的地方一直是那些身着深色三件套装西服、讲究繁文缛节、聪明过度的白种男人们冒险与游戏的天地。在交易、投资银行等关键部门里，女人所占比重一直很低。管理层中，女性和少数族裔更屈指可数。男人可以带着客户打高尔夫球、去狂饮威士忌，他们的女同事则往往被排斥在外。女人在华尔街升迁的机会远不如男人。在这样的传统中，女人缺少了很多公平竞争的机会。

进入21世纪，这一现象仍然没有明显好转。统计数据显示，美国金融界，经理和其他管理人员中，有2/3是男性，其中以白人占绝大多数。高级管理人员中，4/5是白人男性。交易、投资银行部、经纪人领域，白人男性占七成。

然而，这种情况在摩根大通发生了改变。2006年度，在香港美国商会和南华早报联合举办的“最具影响力女性”颁奖典礼上，“杰出女性”这一称号被摩根大通中国证券市场部董事总经理兼主席李晶获得。

“相信自己、相信梦想，并且勇于追求卓越”是李晶的座右铭。李晶对此深有感触地表示，勤奋、梦想、激情，对于成功来说，缺一不可。“这个行业成功的关键就是勇于进取，勤奋而又热情的工作是必不可少的。我付出了自己110%的热情在工作上，而且我极度渴望在这个行业中获得成功。因为工作，每年我要去世界很多地方，甚至一年环球好几次，但我不觉疲倦反而非常兴奋。”在20世纪70年代至80年代的中国，生活非常艰苦。那时候的中国没有现在这么好的条件。李晶刚去美国的寄宿学校，很难接受美国的教育模式和他们的文化。这对当时英语说得不大好而且是在哈佛求学的李晶来说，的确是个不小的挑战，但这一连串的打击反而激发了她去战胜它们的斗志。

正是凭借着自己优秀的工作水平，使摩根大通的四位精英女性获得了自己的尊严和地位，并用自己的成功向世人证明：不断提高自己工作水平的人，是可以创造公平的，华尔街也可以是女人奋斗的天地。现在，摩根大通女性雇员的比例高于男性，女性在摩根大通拥有了更好的职业发展机会。

不要企图用抱怨赢得公平，要用实力说话，用事实证明，我们要像所有勇于进取的成功者一样，用自己的努力与勤奋去赢得公平的机会。

学会遗忘那句我们在小时候挂在嘴边的话：这不公平。不要将一切寄托于公平，若道命运，休谈公平。想要公平，最好的办法是提高自己的水平，用实力说话，用行动证明。努力搏出位、搏上位，登上成功之巅，把不公平踩在脚下！

高保险，就不怕职场有风险

你是否经常会怯场或者是感到没有底气？“居安思危”绝对不是危言耸听！在竞争激烈的人生战场上，打盹的都是输家！你必须打破现在的“安全模式”，主动思索、积极行动，适应不断变化的环境，只有不断增强自身的实力，才能有效地化解职场上潜在的风险。

初入职场的几年，生活的重担可能会压得我们喘不过气来，挫折和障碍也会堵住四面八方的通口，我们往往能发挥自己意想不到的潜能，杀出重围，找到出路。可是两三年过后，一旦身上的重担开始减轻再加上工作开始一帆风顺时，我们就松懈了下来，渐渐忘记了潜在的危机和风险，直到有一天危险突然降临，我们在手足无措中被击败。因此，无论你现在的职位有多么稳定，仍然要有居安思危的意识，好好打拼，如此才能有一个真正的“高保险人生”！

我听一个朋友讲过这么一件有趣的事：

有一家公司，前台大厅摆着一个挺大的鱼缸，缸里养着十几条产自热带的杂交鱼。那种鱼大约三寸长，大头红背，长得特别漂亮，经常惹得许多人驻足欣赏。

一转眼两年时间过去了，那些鱼在这两年时间里似乎没有什么变化，依旧三寸来长，大头红背，每天自得其乐地在鱼缸里时而游玩、时而小憩，吸引着人们惊羡的目光。

忽一日，鱼缸被公司经理顽皮的儿子砸了一个大洞。待发现时，缸里的水已经所剩无几，十几条热带鱼可怜巴巴地趴在那儿苟延残喘，人们赶紧把它们打捞了出来。怎么办呢？大家四处张望了一下，发现只有院子中的喷水泉可以“救急”。于是，就把那十几条鱼放了进去。

两个月后，新的鱼缸来了。人们都跑到喷水泉边捞鱼。捞起一条，人们大吃一惊，简直有点手足无措了。仅仅两个月的时间，那些鱼竟然都由三寸来长疯长到一尺来长！

人们七嘴八舌，众说纷纭：有的说，可能是因为喷水泉的水是活水，鱼才长这么长；有的说，喷水泉里可能含有某种矿物质；也有的说，那些鱼可能是吃了什么特殊的食物。但是无论如何，都有共同的前提，那就是喷水泉要比鱼缸大得多！

也许对你来说，现在“最大的梦想”就是渴望自己的工作和生活事事如意，每天都是遂着心愿轻轻松松地过着日子。然而，轻松的环境看起来是养人的好地方，但充其量不过是一个“大鱼缸”而已，既没有活水源也没有自己的发展空间，表面的平静之下隐藏着巨大的危机。如果面临一种温室式的生活模式，就容易弱化自己的能力，限制自己的发展。

有一天晚上，我的一位在中国人事科学研究院上班的老乡从网上传了一个PPT文件过来，说：“看了这个，我深有感悟，也希望对你有所帮助吧！”

接收完之后，我立刻打开了。

首先是《面对30岁，你想过吗？》的大标题。

接着，便是一页又一页让我触目惊心的话语：

学历贬值、经验饱和、能力退化、精神压抑、健康透支、前途渺茫……

看不见的危机，步步紧逼！

经验优势越来越小，人却越来越老……

工作恐惧症正在流行……

年轻时拿命换钱、年老时拿钱换命……

三年以后，你的位置在哪里？

路在何方？我们不能以不变应万变，因为世界总在变。

……

看完后，我心中有种莫名的触动，那晚也思索了很久才睡下。

一些在社会上稍微有点立足之地的人，会认为现在的生活其实也不难，反正“混日子”总是还可以的。殊不知，生于忧患，死于安乐。生活不是不能享乐，但过度享乐就意味着愚蠢，职场风险也会一步步地朝我们逼近。

那么，如何才能有效地规避职场风险呢？我们需要让自己能提供他人无法提供的服务；让自己能为公司创造他人不能创造的价值；让自己在某一方面具有他人无法超越的能力。换而言之，就是我们要成为公司不可替代的人才。

这个世界越来越同质化，你有的东西我也有，我有的东西你也有。什么才是最有竞争力的东西？就是拥有一些独一无二的属于你自己的绝活。武侠小说里很多江湖角色，武功不算最强，也并非出身名门大派，但往往就是有一门独家绝技，让人不敢轻视，比如拥有独门暗器、独家配制的药方、独到的武功绝艺。

职场也是如此，想要成为企业和老板不可或缺的人，想要拥有高保险的职场生涯，就要发奋努力掌握一门独门绝技，成为不可或缺的专家型人才。这里所说的专家并不是指平时人们说的学术领域的专家，而是说，在你工作的领域，在你从事的专业，你要成为行家，具有自己独特的知识结构和专业能力。最起码，在你所服务的企业里要首屈一指，形成自己的专业权威。说到底，也就是要培养自己的核心竞争力。一旦自己拥有这样的能力，我们才能够更好地适应不断变化的工作环境，才能够不被时代和企业淘汰。

如果你在工作中不思进取，只拥有单一技能，在职场环境变化时，将难逃被淘汰的命运。要成为职场上不败的斗士，我们必须在变化中顺势而动，不断提高自己的学习能力，以适应复杂多变的社会。很多时候，掌握一项不是每个人都会的技能，使自己与他人区别开来，事实上是在给自己的价值增添砝码，也是在给自己创造更多胜出的机会。

不想被淘汰，就要努力提升自己的价值，并要经常问自己："怎样才能把自己的工作价值提高十倍？"只要你有能力给企业创造更多的价值，企业就会相应地付给你更多的回报！此时的你也无须为职场潜在的风险而担心了。

第三章　拒绝成长，危害如影随形

有的员工不自觉地被环境推着走，他们不敢冒险，怕给自己带来遗憾；有的员工因为上司的批评、薪水的不如意而产生不满，于是不再努力。他们不少人看上去什么都明白、什么都懂，其实这是在拒绝成长，本想逃避危害，没想到危害却因此如影随形。

过多的抱怨只会愈发显示你的无能

抱怨体现着一种不满情绪，同时也是一种无能为力、向现实妥协的表现。要知道，在面对问题时，你的抱怨不但不能帮你解决任何问题，反而会使你在别人心目中形成不负责任的负面形象。

“都是某某不配合我的工作”、“这个顾客太难缠了”、“这件事具体由他负责，为什么要来找我”，工作中，在面对这些问题时，总会有员工把矛头指向别人和外界因素，其实这是抱怨和不负责任的工作态度。

比利时有句名言：“跳舞不好的人，总是抱怨鞋子。”抱怨这种消极情绪恰恰体现着一种心理上的后退和虚怯，表现的是一种没有能力解决问题，又不想承认自己无能的态度。抱怨本身就是在向别人说：“我能力有限，没有能力解决这件事。”

在公司里，爱抱怨的员工从来都不会受到欢迎。为什么？因为工作的目的就是为了解决问题，一个总是推卸责任、抱怨别人的人，所表达的就是“我做不了，我完不成”这样的态度，是在表达“问题在我这里解决不了”。对于这样的员工，公司自然不会期待什么，也不会对其重用或者提拔。

大学毕业后，由于历史的原因，我被分配到祖国边陲小城的一家国企上班，并且被分到最苦最累的锻造车间。我生长在风景秀丽的南国，那里气候宜人、四季如春，仅一个小县城就有四条江环绕。而眼下这座因石油而兴的工业小城的景象，着实让我傻了眼，见到绿色是一种最奢侈的享受，伴风而眠则是一年三百六十五个夜晚的必修课。

本来离校时从拿到派遣证的那一刻起，我就产生了很大的心理落差。我想分配得再差也不至于去那样的地方，当时我的学校是全国排行前十位的名校，我又是第一届经济管理专业的本科生，往年毕业的师兄师姐们分配最差的也留在了省城。我原本是一位很开朗、充满活力的阳光青年，却因为心理的落差，差一点变成了一个“怨夫”。

锻造车间全靠拼蛮力来完成工作，没有什么技术含量可言，所以，职工基本上是初中都没有读完的辍学子弟和一小部分刑满释放人员，全车间唯一有文凭的一位干部是中技毕业的技术员。眼下的处境对本来就已经透心凉的我来说，有一种被击穿的感觉，我的未来就像车间屋顶那般灰暗。迷茫、彷徨、无助……眼睛一睁一闭的工夫就从“天之骄子”沦为普通工人。我是谁？我从哪里来？我要到哪里去？我去干什么？由于巨大的反差，我的心态被彻底地颠覆了。

我开始怨天尤人，抱怨社会的不公，最后的结果是在这个陌生的城市里没有一个朋友，相恋多年的女友也离我而去，我成了一个彻头彻尾的孤家寡人。当时我的状态可以用“极度灰暗”来形容。师傅有两个徒弟，一个是我，还有一个是师兄，师兄常能得到师傅的邀请去家里蹭饭，而我却没有这个福分；工友们聚会我也是常常被边缘化；上级领导不是对我视而不见就是来批评我的。那时不光心情很灰暗，身体也出了大状况，消化系统从入口到出口几乎全出了毛病，健康每况愈下。在一篇日记里我是这样描写当时的状况的：“凄厉的北风刮过、漫漫的黄沙掠过，我就像一只无家可归的野狗，游荡在这个陌生的、算不上城市的城市中。真的好想好想给灵魂安个家……”

可能是物极必反吧，在我人生最灰暗的时候，久旱无雨的戈壁油城却喜降了一场甘霖。听老师傅讲，他活了快六十岁了，从来没见过这么大的雨。戈壁滩常常是蒸发量大于降水量，他们眼中所谓的大雨也就是我们家乡称的过雨（夏秋之交时节云从天空走过掉下来的雨）而已。不过，这也给了我不少的慰藉，来到油城都快一年了，还没见过这里的雨是什么样呢。

在天空还未彻底放晴的时候，我就越过工厂的院墙发疯似地奔向戈壁滩，对着旷野号叫，要把胸中的郁闷都发泄出去。然而，眼前的景象却让我惊呆了！有一句话是这样赞美富有生命力的人的：“给点阳光你就灿烂。”列位看官你猜怎么着？平时几乎没有生机可言的戈壁滩，得到那么点雨露的滋润竟然充满了勃勃生机！平素枯萎的骆驼刺在变绿、在生长，就连它生长的声音都能听得到，仿佛人在伸懒腰。脚底下的壁虎穿来穿去，不远处不知从哪儿冒出来的野兔也撒着欢儿，哦，那里还有几只黄羊在练健美呢！

虽然当时没有镜头记录我的面部表情，但我想那会儿我的脸上肯定是久违了的灿烂。眼前的此情此景，让我把身外的一些东西暂时放了下来，细细品味眼前的生命交响曲。平时几乎没有生机可言的戈壁滩，稍微得到点雨露的滋润便大放生机，并且能容得下那么多的生命。戈壁滩的空旷也让我的心胸开阔了许多，此时此刻唯两句话在我脑海里久久挥之不去，一句是“宰相肚里能撑船”，另一句是“给点阳光你就灿烂”。戈壁滩尚能容下那么多生命，我一个大男人家有什么天大的事能让我想不通呢？有点雨露戈壁滩就如此生机勃勃，而我的亲人、朋友给我的爱难道还不及戈壁滩的雨露吗？非也，我所计较的得失在生命长河中不过是鸡毛蒜皮而已；而亲人、朋友给我的爱足够让我的生命之树常青，我岂能被名利等身外之物左右？

从那天以后，我仿佛换了一个人，把做平时看见就皱眉头的繁重体力活当成了锻炼身体，把与平素我瞧不起的“没文化”的工人师傅们的交流当成了社会大学的深造，为此我还提出了“哲学在民间”的理论。抱怨远去，感恩归来。渐渐地，我的朋友多了起来，身体也日复一日地走向健康。不久，我也被调到厂办当了秘书，从此人生开始顺风顺水。

有好些员工往往会因为自己的心高气傲抑或是眼高手低而做不好工作，在得不到期盼已久的提拔与重用之后，就埋怨企业环境不适合自己，然后开始接二连三地跳槽，希望可以找到一个安身立命、施展身手的地方。殊不知，跳槽只是把责任推卸给环境和别人的借口，问题的深层次原因根本不在于外界而在于自身。

只在此山中，不知山外人。论阅历，你比不过那些多跑了几年市场的老员工；论动手能力，你比不过那些多做了几次实践的骨干精英。你唯一可以拿来骄傲乃至炫耀的不过是自认为很渊博的书本知识罢了。如此，无论你走到哪里，都会继续犯下同样的错误，从而再度落个筋疲力尽、心力交瘁的凄苦下场，而不知道自己到底该归向何方。

每一个人的如意工作，都不是从天而降或者是唾手可得的，如果你非要找出种种自己的工作不如意的原因，只能说明你还很幼稚、缺乏锤炼。抱怨工作不如意，对人生来说永远是个包袱，如果我们正确地认识自己并积极地奋发进取，工作便能得到实质性的改观。

一个管理专家在一次培训课上曾经这样问他的学生：“如果你买回家去几条鱼，放在家后你又出门了，但是回来后发现你家的猫把鱼给吃了，那么你觉得这是谁的责任呢？”

对此，几乎所有的学生都回答：“是猫的责任。”如果不是猫把鱼吃了，鱼怎么能没了呢？这也是很多人的惯常思维。

但是管理专家笑了笑说：“鱼被猫吃了，猫当然有责任。但是把责任都加到猫身上，是不对的。”他说：“猫本身就有着爱吃鱼的天性，你明知道猫的这个特点，却不做任何的防范措施，结果发生了问题，责任你有份。除了责怪猫，你也要责怪自己的不小心。同样，在工作中，我们也要看到自己的不足。一旦出现问题，首先要检讨自己。”

在工作遭遇不顺利时，人们惯常为自己开脱，不愿从自己身上找问题。工作不顺利，是因为老板不赏识，而不是自己不够努力；项目被拖延，是因为同事拖了你的后腿，而不是自己能力不够。当你总是习惯把问题推卸到外界原因上，总是盯着别人身上的疏漏，却从不去找自己的问题，总有不去做事的理由，那么你将很难做好工作，甚至完不成工作。

富兰克林的处世观点非常值得我们学习：“我不说任何人的不好。”这无疑体现着一种客观辩证的态度。正是这个巨大的成功秘诀，使并不出众的富兰克林，最终成长为一个极有手腕的外交家。

在工作中，遇到问题时你一旦将矛头指向他人，那么你就是在孤立自己，致使人际关系不融洽，最为关键的是，你的抱怨会让你丧失完成工作的信心，分散你的精力，限制你的能力发挥。抱怨对你来说有弊无利。

要想在工作中如鱼得水，有业绩有人缘，那么你就不要抱怨太多、埋怨太多，要从客观角度辨证地看待责任的归属问题，马上行动起来寻找解决问题的方法，这是帮助你脱离不满境况的最好方式。

别让领导因为你成长得太慢而愁死

公司要发展，领导就会不断有新问题需要解决，而作为员工，你是最有责任协助领导去做好这些的人。要想成为领导的左膀右臂，在公司里实现你的个人价值，你就需要以最快的速度成长，不断地提升自己的执行力，帮助领导有效地解决问题，共同促进公司发展。

由于从事企业员工职业化培训工作的缘故，我总是和很多企业的老板或管理者交流。有一次，一个老板揶揄着说自己的“N种死法”：被工程进度太慢急死、被问题请示太多晕死、被工作效率太低烦死、被下属成长太慢愁死……

的确如此，公司里也经常能听到一些领导这样感慨：这个员工成长的速度太慢了；交给他的事情总是拖拖拉拉的；这么简单的任务都完成不好，我怎么放心将更重要的事情交给他做……因此，作为员工，工作上一定要主动些，再主动些。应该你做的，最好在领导交代之前就主动去做；不属于你工作范畴内的事，可以的话也尽量主动去做，表示你愿意将公司的事都视作自己的事。只有如此，你才能更迅速地成长为让领导信任、能够委以重任的好帮手。

作为员工，我们本身拥有的学历、能力和资历当然是一种竞争力，可是领导对每个员工都有自己的期望值。如果你办事总是拖拖拉拉，成长的速度太慢，领导又如何能放心地将更重要的任务交给你呢？但如果你的表现超越了他的期望，他就会对你刮目相看。真正的竞争力取决于你做事的表现和领导的满意度，千万不要让领导因为你成长太慢而愁死。

那么，如何更快地成长，超越领导对你的期望呢？

首先，你要争取尽量提前完成任务。这样，就能让领导有个缓冲的时间，统筹安排时可以更加周到。显而易见，提前完成工作任务，就是在超越领导对你的期望。试问，这样的员工，会有哪个领导不喜欢？

唐乐毕业于一所很普通的大学计算机专业。临近毕业那一年，他进入一家科研机构实习。刚去的时候他每天无所事事，领导看他可怜，就交给他几个任务，说："三个月内完成就行，到时给你一个实习鉴定。"

三天里，唐乐每天住在单位里，然后一一完成了它。

第四天上午，当唐乐告诉领导任务已经完成时，领导吓了一跳，对他刮目相看。于是，领导又交给唐乐几个任务，并且规定了更短的时间，而他居然都会提前完成。

实习结束，领导没多说什么，但不久后就径直到唐乐的学校点名要他。这之前，机构的上级部门感到不解：候选人里有好几个品学兼优的研究生，你都不要，却非要一个普通的大学生，不是开玩笑吧？

不久，上级临时借调唐乐去帮忙，结果是：这个部门以前的报表都是最后一个交，并且还经常返工，但这一次，唐乐不仅第一个送上报表，而且一次性顺利通过。上面点名要他，下面不愿意放，但还是被调走了。现在，唐乐做的事情是负责为新来的研究生、本科生分配工作。

其次，员工不仅要能尽快地完成工作任务，还要有独立解决问题的能力，在职责和权力范围内，自主地开展工作。一个公司那么大，不可能事无巨细都由一个人管理。领导当然要承担很多角色，也正因为这样，他们很累，需要有人来帮他们分担。作为下属，你需要做的就是不断地把工作做得尽善尽美。因为只有主动的人才能更快地成长，才不缺乏加薪和升迁的机会。

两个同龄的年轻人同时受雇于一家零售店铺，并且拿着同样的薪水。

可是一段时间后，叫约翰的小伙子青云直上，而那个叫汤姆的却仍在原地踏步。汤姆很不满意领导的不公正待遇，终于有一天他到领导那里发牢骚了。领导一边耐心地听着他的抱怨，一边在心里盘算着怎样向他解释清楚他和约翰之间的差别。

“汤姆，”领导开口说话了，“你到集市上去一下，看看今天早上有什么卖的。”

汤姆从集市上回来向领导汇报说：“今早集市上只有一个农民拉了一车土豆在卖。”

“有多少？”领导问。

汤姆赶快戴上帽子又跑到集市上，然后回来告诉领导一共40袋土豆。

“价格是多少？”

汤姆又第三次跑到集上问来了价钱。

“好的，”领导对他说，“现在请你坐到这把椅子上一句话也不要说，看看约翰怎么做。”

约翰很快就从集市上回来了，并汇报说，到现在为止只有1个农民在卖土豆，一共40袋，价格是2元一斤；土豆质量很不错，他还带回来1个让领导看看。昨天那个农民铺子里的西红柿卖得很快，库存已经不多了。他想这么便宜的西红柿领导肯定会要进一些的，所以他不仅带回了1个西红柿做样品，而且把那个农民也带来了，他现在正在外面等回话。

此时领导转向了汤姆，说：“你现在应该明白为什么约翰的工资比你高了吧？”

工作需要一种积极主动的精神。主动工作的员工，将获得工作所给予的更多的奖赏。无论是提前完成工作任务，还是向领导详尽地汇报几种蔬菜的市场信息，这些事看似简单，但都要求人们必须具备一种脚踏实地的务实态度，一种主动的责任心，一种为领导细心考虑的忠诚。也正是这些，让他们在各种各样的工作中找到超越他人的机会，并在其中表现出胜任上一级工作的能力，然后责任和报酬就接踵而至了。

与主动工作的员工形成鲜明对比的，是像汤姆那样只做领导交代的事的人。他们不但不会主动去做领导没有交待的工作，甚至领导交待的工作也要一再督促才能勉强做好。这种被动的态度只会导致一个人的积极性和工作效率下降。久而久之，即使是被交待甚至是一再交待的工作也未必能把它做好。这样的员工，怎能不让领导发愁呢？

因此，从今天开始，就从现在的工作开始，做需要做的事，而不是仅仅做领导交代的事，然后对自己的工作主动提出改善意见。每隔一段时间，你应该想一下，工作绩效有没有改善的可能？如果有一天，你开始对工作的某些方面提出很好的建议：“我认为这项工作可以这样改进一下，因为……”；如果有一天，领导提醒你要注意某某问题，你回答说“我已经核实过了，情况是……”，那么恭喜你，你的成长已经超越领导的期望了。

最可悲的是把自己的无知当成个性

苏格拉底说：“最聪明的人是知道自己无知的人。”个性是一个人独有的性格，是一种内在气质的体现，更是一种自我修养的外现，表现在工作中就是一种态度。真正有个性的人，在坚持做自己要做的事情的同时，又有很高的素质，而不懂得约束自己个性的人往往很无知。

时代在变，职场需求也在变，“追求个性的张扬”已成为当下社会的潮流之一，无论是80后、90后还是职场中人，很多人都喜欢盲目地追求“放荡不羁”、“桀骜不驯”，他们自认为很有个性，但实际上任由他们不加约束地张扬的东西是什么呢？是无知。其实，个性是内在的，不是外表的。工作中个性的表现是成熟的思想、跳跃的思维和谨慎的行动。

职场上，有一些人常常挂在嘴边的一句话是：做自己的工作，让别人说去吧。他们认为这样无论做什么都可以称之为“个性”，其实也许他们根本就不知道这句话的深层意义。只有将自己的工作做好，做到问心无愧，才有资格对别人的流言蜚语置之不理；而不是做得再差，都不去听取别人的合理建议。还有一些更可悲的人，他们常常将自认为不公平的事归咎于他人，认为是自己的个性太强遭人嫉恨，而不是反省自己，找出自己无知的一面加以改正。

前阵子，我们公司刚走了一个将自己生存状态的改变寄托在下一份“好”工作上的人。这个人小有才气，可是，若论才气，他的处境应该不会是眼下的这种状态，都已经36岁的人了，还没有找到女友，住在郊区廉价的出租屋里，每天上下班要来回奔波近5个小时，两年内曾6次跳槽，后来的4次工作，几乎没有超过两个月就离开了。按说，这样的人公司就不应该留，但我当时出于好心，再加上觉得他有点才气就留下了他，希望能使他不再“流浪”。刚开始，他干工作很认真，而且经常独自加班加点。遇到这样的“好员工”，我们大家当然都很感动。

于是，我就和别的领导带他出入一些重要的社交场合，希望能够改变他的生存状态。可是事隔不久，他就开始不交“作业”了，一会儿推托网络有问题，一会儿又说电脑出了毛病。对此，我们也没有在意，直到国庆放假的前一天，不见人了。我接到他打来的电话，说：“林总，我给你写了一封邮件。我要辞职了。我认为现在公司存在一些问题，这些问题让我觉得收入比之前少了，而且我做事找不到感觉了。”我还是想挽留他，于是对他说：“公司肯定存在问题，但是这些问题都是短期内可以解决的啊。你再考虑一下？”没想到，他还是很坚决。后来我才知道他离开的真正原因，原来，他9月份在我们公司只能领到5000元的工资，而他的工作成果拿到别处可以卖到8000元，仅仅3000元的差价就让他又一次背叛了自己的灵魂。痴人哪！别以为下一份工作会更好，别以为小聪明总能胜算。

我们公司这位员工的可悲就在于他把自己的无知当成了一种个性。

人无完人，任何人都有无知的时候。其实，无知并不可怕，甚至我们可以把这些无知当作成功的第一步，因为只有知道自己无知，才会促使自己去学习，通过不断地学习我们才能不断地进步。我们每个人都可以说在某些方面或多或少的有些无知，但只要我们能够认识到自己的无知，在工作中不断加以改正和完善就不可怕。但是，如果你把自己的无知当成一种个性来炫耀的话，那真是一种无知，更是一种可悲。一个人对待自己无知的态度将决定他今后的成就。聪明的人能够认识到自己的无知，会虚心求教，认真学习，以弥补自己的不足；愚蠢的人会认为自己的无知是一种“个性”，拿来到处宣扬，好似“无知者无畏”，但其实这样的人，已经不能叫无知了，应该称其为“愚昧”和“愚蠢”。

张菲菲和杜鹃同在一家外企担任部门经理的秘书，她们在公司都还属于试用期，只有通过年终的业务考核，才能最终留在公司。

张菲菲是一个非常有个性的新时代女孩，每天上班都打扮得很入时，工作时经常喜欢在部门经理面前表现她的年轻丽质，认为这样就可以获得经理的表扬和认可。相反，张菲菲对她的搭档杜鹃每天踏踏实实地工作很不以为然，认为很落伍，她的心思根本就不在工作上，而是每天揣摩经理的喜好，投其所好，极力地讨好领导。

后来，经理对张菲菲提出了批评，认为她做事不踏实，很浮躁，希望她以后能多向杜鹃学习，认认真真做事。然而，张菲菲却把经理的话当做耳旁风，依然我行我素，依然保持她那“特立独行”的工作作风。

在年终考核的时候，张菲菲因为排名靠后，被公司辞退了。公司的领导在最后善意地对张菲菲说，如果她想在以后的职场中走得更远，就不要把自己的无知当成个性来炫耀。

《有话好好说》虽然是一部挺旧的电影，但剧中有一句台词却让人记忆犹新，就是那个知识分子说的：“小伙子，别把无知当个性。”但看看如今的一些职场年轻人，还真把无知当成了个性。

“幼稚”用在孩童身上叫做“可爱”；“个性”用得恰到好处就是“无畏”，但是向前跨一步就成了“无知”。

人生最可悲的就是把自己的无知当成个性来炫耀和挥霍。别为了一时的痛快迷失了自己，别等到无法自拔时才哭泣。在职场上，你有你的人生准则，你有你的做事方式，但是这些都不能成为我们把“无知”当成“个性”的理由和借口。在工作中，我们的做事方式还要符合集体的需要的，只有这样，你才能在公司里游刃有余。

为何领导的用心总在后悔时才体会

领导对下属一般都有一种“恨铁不成钢”的心理，希望下属能尽快地羽翼丰满、独当一面，可以成为自己的左膀右臂。所以，有时候领导难免会像家长一样苦口婆心地教导下属。然而有些员工却对此无动于衷，甚至还很反感，认为领导在刁难他，结果往往等到后悔时才体会到领导的用心。

让我们认真地想一想，在我们以往的工作经历中，是谁让我们拥有一个可以实现梦想的舞台？是谁让我们从一张白纸到拥有丰富的工作经验？那个人，就是我们的领导。正是我们的领导，教会我们如何去工作，教会我们如何为人处世，在领导的教诲之下，我们的羽翼日渐丰满起来。

在成长的过程中，家人、老师、同学的影响长伴我们左右，直至步入社会、步入职场，领导和同事又成为我们身边新的角色，他们对我们的影响，也将贯穿我们的整个职业生涯。从前是家长和老师的苦口婆心，工作后，这一角色就由领导来替代了。初涉职场的新人在领导眼里，就像父母眼中的子女，领导不会说好话来取悦你，为了让你能够更快成长起来，有一部分领导会谆谆教诲、不厌其烦地向你传授经验，及时指点出你的疏忽和不足之处；而另一部分领导则会以一种貌似“刁难”的形式考察你，看看你是否可以委以重任，然后在适当的时候起用你。因此，所有这些，都需要员工自己去体会、去领悟，千万不要等到后悔时才体会到领导的用心。

小徐和小范在同一个部门工作，两人年龄相同，平时共同语言也很多。不过，最近小徐的心情却有些低落。因为领导交代的工作，虽然小徐都能认真地完成，而且总是自认为会超出领导的预期，可是领导非但不表扬她，反而似乎总是不够满意，总会找出一些问题来。而交给小范的工作，却通常都能顺利过关。因此，小徐心里有些不服气。她觉得，无论工作态度还是工作能力，自己都在小范之上。不过，小徐并没有表现出不满，而是更加努力地工作，希望能够得到领导的肯定。

两个月后，公司里流传着一个消息，那就是小徐和小范的领导要被派到美国总部工作了。谁能够接替他就成了一个悬念。一天下午，领导突然把小徐叫到办公室，并问她："小徐，我要去美国总部工作两年，这个消息你知道了吧？""听说了，恭喜您。"小徐说着，心里却很疑惑领导找她的目的，难道是因为自己最近的表现不好，领导要批评自己，还是有更不好的事情发生？小徐心里忐忑不安。

领导接着问："最近一段时间，你觉得自己的工作怎么样？"小徐更加担心了，但是她仔细想来想去觉得自己确实尽了最大的努力去做好工作了，于是说道："虽然可能与您的要求有很大差距，但我确实尽力去做好每一件事了。"小徐已经打算好了，如果领导要在这个时候以工作表现不好让她走人的话，她一定据理力争。

谁知，听到这里，领导脸上露出了笑容："最近一段时间辛苦你了。我早知道自己要去美国工作了，所以必须尽快找到能接替我的人，想来想去我都觉得你是最佳人选，可是你还有些年轻，处理事情上经验不足，我要在短时间内帮你提高，就经常找你的麻烦，希望你不要怪我。"听到这，小徐简直惊呆了，她没有想到，领导原来这般用心良苦。

很多时候，领导会用这种貌似“刁难”的小手段来考验你的心智是否成熟，是否能够成为提拔的对象。如果这个时候你没有体会到领导的意图，就会失去非常宝贵的机会。作为员工来讲，要留心观察领导对待自己的态度，如果发现领导看似在刁难你，但是只是就事论事，并不是针对你个人的批评，目的都是为了提高你的能力和水平，并有意地让你去做一些本职工作之外的事，那么千万不要误解了领导的意图，因为这很可能是你获得提升的前兆。

由于肩负着比员工更多的责任，在员工的工作没有达到领导要求的时候，领导不得不对着员工唠叨上几句，情急之下，也许会发脾气，这让很多员工觉得难以接受。久而久之，领导和员工之间就会产生一道鸿沟，很难逾越。

我有一个大学同学李亮，他开了一家小型广告公司，效益不错。俗话说：麻雀虽小，五脏俱全。别看公司小，人力资源、财务、市场等方面的问题可是一点都不少。李亮也是善于学习的人，平日里聚会的时候，总是和朋友探讨一些企业经营管理上的问题。

一天，我突然接到李亮的电话，要我冒充他们公司的客户，去找他们的某位业务员商谈。我以为李亮这样做是为了借机测试业务员的水平和能力，谁知，事情完全不是我想象的那样。

原来，李亮的公司里新来了一个业务员，这个业务员来自一个穷困的小山村，父母好不容易供他上了大学，所以，他一直十分努力，想做出一番事业。然而，销售工作除了依靠个人的能力之外，客户的积累也是十分重要的。这个业务员刚来公司，没有什么客户资源，经过百般努力，才终于签了一个单子。

结果，公司的另一个业务员来找李亮，因为这个客户是他的。李亮怕因为此事打击了那个新来业务员的自信心，而公司里对于抢客户又有明确的规定，两难之下，才来找我帮忙，想让我去冒充公司的客户。在知道了事情的原委后，我不禁感叹李亮身为老板的良苦用心。

在人生道路上，父母是最初担当对我们进行教育重任的人。可是通常是长大以后，我们才渐渐明白父母对我们的良苦用心。进入职场之后，领导就是帮助我们成长的最好导师，有时候，好领导的良苦用心堪比父母。可是，我们却总是很难明白，就像我同学公司里的那个新来的业务员，他也许永远不会知道，他的第一份合同居然是这样签下来的。

在很多员工看来，领导更像是为他们挑错的或者监视他们的，因此，他们对领导的批评嗤之以鼻甚至怀恨在心。可你是否曾经想过，为什么我们能轻而易举地原谅一个陌生人的过失，感激一个陌生人的点滴帮助，却经常对自己的领导耿耿于怀，对领导的关怀视而不见呢?

其实，我们很难理解领导的苦衷，他们或许并不愿意去批评下属，很多时候，他们也很无奈，因为他们身上的担子更重，他们有责任把公司经营得有声有色，有责任把员工培养成才，为企业发展献策献力。如果我们能够试着真诚地去理解领导，用感恩的心态去工作，我们就会发现，领导其实是很友善的，工作也变得更加轻松和快乐了。

莫让不争事实成为自己悔悟的笑柄

在竞争日益激烈的职场里，每一个人都会有失败，都会有被淘汰的可能。失败和淘汰并不可怕，可怕的是有些人不能面对现实，不能做到自我淘汰、主动放弃，不能做到从失败中重新站起，在淘汰中获得新生。他们不愿正视现实，总是抱着这样那样的幻想，结果让不争的事实成为自己悔悟的笑柄。

优胜劣汰是职场中生存的规律,在激烈的竞争中，不是自己淘汰自己，就是被别人淘汰,这是我们无法改变的事实，也是残酷竞争的必然结果。如何面对竞争，如何在激烈的竞争中求得更大的发展、拥有一席之地，是每一个员工必须认真思考的课题。

有这么一个故事：

在很多年前，有一群熊，欢乐地生活在一片树木茂密、食物充足的森林里，他们在这里繁衍子孙，同其他动物友好相处。后来有一天，地球上发生了巨大变化，这片森林被雷电焚烧，各种动物四散奔逃，熊的生命也受到威胁。其中一部分熊提议说：“我们北上吧，在那里我们没有天敌，可以使我们变得更强大。”另一部分熊则反对：“那里太冷了，如果到了那里，只怕我们大家都要被冻死、饿死。还不如去找一个温暖的地方好好生存，可供我们吃的食物也很多，我们也很会容易生存下来。”争论了半天，双方谁也说服不了谁，结果，一部分熊去了北极边缘生活，另一部分则去了一个四季温暖、草木繁茂的盆地居住了下来。

到了北极边缘的熊，逐渐适应了那里的环境，他们学会了在冰冷的海水中游泳，还学会了潜入水下、到海水中捕食鱼虾，甚至敢于与比自己体积还大的海豹搏斗……长期下来，他们的身体比以前更大更重，更凶猛。这就是我们现在看到的北极熊。

另一部分熊到了盆地之后才发现：这里的肉食动物太多了，自己身体笨重，根本无法和别的肉食动物竞争，便决定不吃肉了，改为吃草。没想到这里的食草动物更多，竞争更激烈。草也吃不成了，只好改吃别的动物都不吃的竹子，这才得以生存下来。渐渐地，他们把竹子作为自己唯一的食物来源。由于没有其他动物和他们争抢食物，他们变得好吃懒做，体态臃肿不堪，就演化成了我们现在看到的大熊猫。可后来竹林越来越少，大熊猫的数量也越来越少，几乎濒临灭绝，只能被关在动物园里，靠人类的帮助才能生存。

熊猫是不是真的这样演化来的不重要，重要的是这个故事所表达的道理。熊因为没有竞争意识，选择了逃避，选择了安逸，结果遭遇到了如此的待遇，几乎濒临绝迹。面对这样的境遇，它们也可能会后悔、会悔悟，悔悟它们当初不该贪图安逸，可这有用吗？熊的悔悟根本无济于事，只能成为自己悔悟的笑柄。

熊尚且如此，而我们作为一名员工呢？同样的道理，不奋斗、不努力是不行的，不积极应对竞争，就会被淘汰掉。所谓长江后浪推前浪，前浪被推到沙滩上。那些被划入“老员工”行列的三四十岁的白领们，眼看着那些职场新人们揣着硕士、博士研究生学历，意气风发地加入到自己的行列中，能选择熟视无睹吗？面对后来者们“虎视眈眈”的样子，原地踏步的人只能是死路一条。

我有位大学同学，在几年前担任了北京中关村某家中外合资企业网络通讯设备的销售经理，然而这几年来他一直忙于日常事务，在“干杯”声中翻过了日历。今天，他的下属学历比他高，能力比他强，经验也在数年的商海中获得了积累，羽翼日渐丰满，销售业绩惊人，在公司最近的绩效考评中名列第一，迅速淘汰了我的这位大学同学，留给他的是岁月的蹉跎和时光的惋惜。

这件事情让我深刻地明白：无论你官多大、水平多高，学习是无止境的，如果你一天停止了学习、停止了奋争，你就会有危险。因为历史的脚步不会因为你的稍停片刻而停留在你的时间范围内，它正以每秒匆匆的滴答声从你的身边悄然离去，当你落后了，不适合工作需要了，你就要被淘汰，当这已经成为事实的时候，你再说什么都晚了，这只能成为你自己悔悟的笑柄。

毕业于哈佛大学的美国哲学家詹姆斯说：“你应该每一两天做一些你不想做的事。”有一句名言与这个观点相同：“容易走的都是下坡路。”辩证法里量变质变定律也讲，量变积累到一定程度就会发生质变。所以不要奢望个人的进步能够立竿见影，只要每天进步一点点就行了。让自己进步的方法很多，“每天做点困难的事”，就是“逼”自己进步的办法之一。

社会在发展、科技在进步，人的能力也是需要提高的，千万不要等到不争的事实摆在眼前时才悔不当初。其实，提高个人综合能力的方法有许多种。如果你是一位营销人员，你就要天天“逼”自己对着镜子练习讲话；如果你是一位公关人员，你就要每天“逼”自己主动与你的业务伙伴联系，或是打电话，或是发E-mail，或是相约见面，等等；如果你想获得在职硕士学位，你就要每天“逼”自己练习听力、复习语法。

作为职场中的一员，我们只有不停地努力，不停的找准自己的立足点，勤奋地用别人双倍的艰辛来完成自己的使命，才能立于不败之地。要知道，天上不会掉馅饼，生活中没有免费的午餐。如果你有片刻的懈怠，生活就有可能给你开一个无法挽回的玩笑，等到你失去的时候再想珍惜，一切都已经完了，莫让不争的事实成为自己悔悟的笑柄。

不要当那棵自断经脉的“苹果树”

不少员工以为自己已经成长过了，现在该是结果子、分果子的时候了，所以分外专注于一时的得失，忘却了成长才是最重要的，往往犯下自断经脉的错误。

很多职场人在刚开始工作时，意气风发，干劲十足，但若感到自己为企业做了重大贡献却没有人重视时，或只得到口头重视但却得不到实惠的时候，他们就会愤怒、懊恼、牢骚满腹……最终，决定不再那么努力，让自己的所做去匹配自己的所得。付出就应该有回报，这似乎也是有道理的，但是对于职场新人来说，这却是一种很不明智的决定。

我曾经很偶然地看到这样一个故事，让我特别感慨：

一棵苹果树结果了。第一年，它结了10个苹果，9个被摘走，自己得到1个。对此，苹果树愤愤不平，于是它自断筋骨，拒绝成长。

第二年，它结了5个苹果，4个被拿走，自己得到1个。

“哈哈，去年我得到了10%，今年得到20%！翻了一番。”这棵苹果树心理平衡了。

但是这棵自断筋骨的苹果树已经在慢慢萎缩了。如果它不是那么计较得到的回报，它还可以继续成长：比如，第二年，它结了100个果子，被拿走90个，自己得到10个。也有可能，它被摘走99个，自己得到1个。但没关系，它还可以继续成长，第三年结1000个果子……

其实，得到多少果子不是最重要的，最重要的是苹果树在成长。等苹果树长成参天大树的时候，那些曾阻碍它成长的力量都会消失。因此，不要太在乎果子，成长才是最重要的。

这个故事其实就是在说那些极为看重回报的职场人。他们像苹果树一样自断筋骨后，不再努力，几年过去后，回头看看自己的事业，发现早已没有刚工作时的激情和才华了。

“老了，成熟了。”很多员工习惯这样想。但事实是他们已经停止成长，因为他们没有明白成长才是对自己最好的回报。

孔子说过：“吾十有五而志于学，三十而立，四十而不惑，五十而知天命，六十而耳顺，七十而从心所欲，不逾矩。”这应是孔子一生的经历，这些古训所折射出的是孔子思想成长的动态生成轨迹。成长和年龄无关，可我们很多人却把其中的年龄阶段生硬地去理解了。非要在三十必立，四十就不惑，于是三四十就成了我们现代人最敏感的人生阶段了。一旦在三四十还没什么成就感，就开始怨天尤人、不图进取。殊不知，每个人的成长都是动态的。那些数字只不过是提醒你，生命已经过了多少个年轮，每一个阶段都会有不同的收获。那些成功的人士，在其职业生涯成长过程中，他们无一例外选择的是树的成长，而不是树的年轮。

现实生活中的人们之所以犯自断经脉的错误，是因为我们忘记了生命是一个历程，是一个整体，以为自己已成长过了，现在该是结果子、分果子的时候了；因为你专注于一时的得失，而忘却了成长才是最重要的，所以如果你有前述的特征，就说明你已在自断经脉，停止成长了，建议你自诊一下：我是不是一棵已自断经脉的苹果树？

好在，这不是金庸小说里的自断经脉。我们随时可以放弃这样做，继续走向成长之路。

一群孩子在一位老人家门前嬉闹，叫声连天。几天过去，老人难以忍受。于是，他出来给了每个孩子25美分，对他们说："你们让这儿变得很热闹，我觉得自己年轻了不少，这点钱表示谢意。"孩子们很高兴。

第二天孩子们仍然来了，一如既往地嬉闹。老人再次出来，给了每个孩子15美分。他解释说，自己没有收入，只能少给一些。15美分也还可以吧，孩子们仍然兴高采烈地走了。

第三天，老人只给了每个孩子5美分。孩子们勃然大怒："一天才5美分，知不知道我们多辛苦！"他们向老人发誓，再也不来这里玩了！

这个寓言是苹果树寓言的更深一层的答案：苹果树为什么会自断经脉？因为它不是为自己而"玩"。

人的动机分为两种：内部动机和外部动机。如果按照内部动机去行动，我们就是自己的主人。如果驱使我们的是外部动机，我们就会被外部因素所左右，成为它的奴隶。

上学时，我们忘记了学习的原初动机——好奇心和学习的快乐；工作后，我们又忘记了工作的原初动机——成长的快乐，上司的评价和收入的起伏却取而代之成了我们工作中最大快乐和痛苦的源头。

在这则寓言中，老人的算计很简单，他将孩子们的内部动机"为自己快乐而玩"变成了外部动机"为得到美分而玩"，而他操纵着美分这个外部因素，所以也操纵了孩子们的行为。寓言中的老人，像不像是你的老板、上司？而美分，像不像是你的工资、奖金等各种各样的外部奖励？

切记：我们千万不要被外部评价系统所左右，外部因素我们控制不了，它很容易偏离我们的内部期望，使我们产生不满，使我们牢骚满腹。上司的责罚、薪水的不如意使我们的激情不再、使我们在不知不觉中减少了工作的努力程度。

所以，如果你是一个普通员工，遇到了不懂管理、野蛮管理或错误管理的上司或企业文化，那么，提醒自己一下，不论遇到什么事情，也千万不要因为激愤和满腹牢骚而自断经脉，因为你的成长永远比每个月拿多少薪水更重要。

从现在开始，让我们培育好自己的内部评价体系吧，不要再因各种外部因素而自断经脉。让我们做一棵永远成长的苹果树，让学习和工作变成“为自己而玩”。

千万别让老板累死，而你自己闲死

任何老板，都害怕下属工作做不到位，这样不仅不能把事情办好，还可能将问题弄得更糟，老板最后反倒成了救火队员。所以，有的老板宁愿亲力亲为，宁愿累死，也不放心把所有事情都交给下属。如果此时你能想老板之所想，帮老板分忧，老板不重用你，还能重用谁呢?

在职场中，我们经常可以发现有很多这样的人：他们好像闲着无事可干，问其原因，答曰："老板安排的事情做完了啊！"这样的员工每个公司都有，他们认为，只要做完老板安排的工作任务就可以了。还有一些员工经常说："我已经做了，但是老板总是不满意，我能怎么办？"但你想想，公司给了你职位和相应的报酬，目的是让人来解决问题，而不是来制造问题的。任何老板都希望手下的员工是问题的终点站，而不是问题的制造源。如果不能让工作有一个好的结果，有时候甚至要让老板去帮你收拾烂摊子，那你的价值又在哪里?

霍金斯作为一个演说家，发现自己成功的最重要一点就是让顾客及时见到本人和他的演讲材料。这件事如此重要，于是霍金斯在公司里专门安排了一个人来负责把他的材料及时送到顾客那里。

然而，一件事让霍金斯记忆犹新。那是一次他担任主讲人的演讲，他给办公室里负责材料的秘书打电话，问演讲的材料是否已经送到客户那里。秘书回答说："没问题，我已经在好几天前就把东西送出去了。""他们收到了吗？"霍金斯追问。"应该收到了，我是让联邦快递送的，他们保证两天后到达。"从秘书的话里感觉她是负责任的，应该不会出问题。

遗憾的是，结果并非如此。客户虽然拿到了材料，但也许是每天收到的材料太多了，以致没有意识到这是演讲必不可少的材料，于是就把它们放到了一边，等要用的时候却找不到了。

那次演讲的效果可想而知。其实，如果当时这个秘书再负责一些，随后再跟踪一下此事，与客户确认一下，就不会发生这样的事了。

后来，霍金斯又安排了一次到上次的客户那里去演讲。

他问现在的秘书："我的材料寄到了吗？"

"到了，客户3天前就拿到了，"秘书说，"只是我给她打电话时，她告诉我听众有可能会比原来预计的多300人，不过您别着急，我把多出来的也准备好了。事实上，我以前跟客户联系时，她就对具体会多出多少没有清楚的预计，因为允许有些人临时入场，这样我怕300份不够，保险起见寄了500份。还有，她问我您是否在演讲前让听众拿到资料。我告诉她您通常都是这样的，但这次是一个新的演讲，所以我也不能确定。她决定在演讲前提前发放资料，除非我在演讲之前明确告诉她不要这样做。我有她的电话，如果您还有别的要求，今天晚上我可以通知她。"

秘书的一番话，让霍金斯彻底放心了。

这位新的秘书明白工作必须做到位，自始至终都让问题止于自己，所以没有像以前的秘书那样把事情推给老板，而是提前帮老板解决了问题。换做你是老板，想必也会渴望找到像这位新秘书一样称心如意的员工来工作。把工作交给他们，就可以放下“凡事都要亲历亲为”的思想包袱，根本不用担心工作会出现任何差错。

员工必须明白：老板是负责公司整体管理、为公司制订发展战略的人，而不是全体员工的“问题汇总站”。老板有自己的问题要解决。老板雇佣员工的目的，就是解决工作中的各种问题，员工也应该认识到，解决自己工作的问题是自己的工作职责。在老板眼里，你解决问题的能力就是你的职场竞争力。工作中遇到问题时，要明白这是自己分内的事。能够解决问题，就有更多发挥潜能的机会，同时也能建立起自己的职场信誉和形象。遗憾的是，很多员工不明白这个道理。他们把问题留给了老板，让老板累死累活，自己却很清闲，也因此错失了从问题中成长的机会。

我认识一个山西朋友，姓贺，他在北京开了一家公司。我们经常一起喝喝咖啡、聊聊工作。有一次，他跟我讲了他公司辞掉了一位员工的事。

他们公司有一位新来的员工小李。一天，小李接到一个电话，马上跑到贺总的屋里说：“贺总，客户打电话催促发货呢！”

“噢？合同规定的交货期到了吗？”

“还没有呢！”

贺总皱了皱眉头：“那你应该告诉他，我们会按合同交货的。”

“好的！”小李跑了出去。可是过了一会儿，她接到一个电话，又到贺总的屋里说：“对不起，贺总，我还得打扰一下。广州那家客户说我们发的货有两箱在路途中受损，要求退货呢！”

贺总不耐烦地问：“这种事以前是怎么处理的，知道吗？”

“知道。应该同意退货。”

“知道还来问我？”

小李脸红了。可是过了不多一会儿，她又怯怯地敲开贺总的门：“对不起，贺总！我还得再打扰一下。打印机坏了。”

贺总火冒三丈：“什么？难道你想让我帮你修打印机？”

“不！我不是这个意思。我的意思是……”

“不管你是什么意思，这种事不要来烦我！”贺总打断她的话。

小李在这家公司没干多久就被辞退了。贺总对她的评价是：解决问题的能力太差。

其实，小李的正确做法应该是采取其他方式解决她遇到的问题，而不是把问题上交给贺总。因为解决问题是自己的职责，把问题留给老板就意味着工作不力。我们要把问题看作是自己的机会和发展空间，努力地借助问题来体现自己的价值，发掘出自己的潜能。

作为员工，相信你不喜欢听到老板“解决问题的能力太差”这种评价吧？既然这样，那么当你遇到问题时，就勇敢地去解决吧，千万不要总把问题推给老板，让老板累死而你自己闲死。解决工作中遇到的问题不仅是你的职责，更是你展示自己才干的最好时机。如果你能够出色地解决问题，那你离晋升就不远了。

活在过去的痛苦里就等于慢性自杀

灿烂的人生是被一个又一个亮点照亮的，曾经的一些成就不过是一两根蜡烛而已。生活不可能永远充满诗情画意的浪漫，人也不可能一辈子都处于巅峰顶级的状态。在过去的痛苦里强化现在的失落，不但是愚蠢的表现，而且是无知的做法。

人生不可能一帆风顺，生活中的痛苦可以说是无处不在、无时不有，而且难以避免。有些人在痛苦中沉沦，有些人在痛苦中哀叹，更有些人因无法承受痛苦而自杀。当然，也有许多人因为有足够的生存智慧，能够正面地应对人生的痛苦，且从容化解，并因此超脱痛苦而获得了人生的幸福。

古今中外一切杰出人物，没有一个是一帆风顺走向成功的。在失败和不幸面前，他们无不是选择了发愤图强，一个个奋起与人生的逆境抗争，紧紧扼住命运的咽喉，做生活的强者，通过自己的艰苦奋斗，最终迎得命运的青睐，因为他们明白：活在过去的痛苦里就等于慢性自杀。

柏杨是台湾著名作家，1979年，他因为“美丽岛事件”被捕入狱，直到1985年才被放出来。五年的牢狱生活，把柏杨从一个“火暴浪子”改变成为“谦谦君子”，他不再像过去那么尖锐、激进，而是变得理性、温和。就连周围的人都说："现在的柏杨很有同情心，也知道替别人留余地，不像从前，总是那么火辣辣的。"

柏杨说，他也曾经怨过、恨过。他回忆那段日子，经常失眠，半夜醒来时发现自己竟然恨得咬牙切齿，如此，前后大约持续了一年。后来，他意识到不能再这样继续下去了，否则，他不是闷死，就是被自己折磨死。

于是，他开始大量阅读历史书籍，光《资治通鉴》前后就读了三遍。他从这些书籍中领悟到，个人只不过是历史长河中微小的一点。他了解到一件事：生命的本质原本就是苦多于乐，每个人都在成功、失败、欢乐、忧伤中反反复复，只要心中常保持爱心、美感与理想，挫折反而是使人向上的动力，甚至成为一种救赎的力量。

如果柏杨活在过去的痛苦里难以自拔，如他所言，"不是被闷死，就是被自己折磨死"，那真是一种慢性自杀。正因为他及时醒悟，保持了积极的心态来面对生活，他才能"复活"，也才有他之后的成就——《柏杨版资治通鉴》当选为台湾最有价值和最畅销的一部书；《中国人史纲》则列为对社会影响力最大的十部书之一。

告别过去，给自己一个新的环境、新的心态，也就是给了自己新的希望、新的成功。而活在当下，学会享受，才能懂得去热爱生活。享受可以给正在社会上奔波劳碌的我们宁静的温馨，可以让正在为理想打拼奋斗的我们体会到悠闲的诗意，享受可以让生活丰富多彩，让人生更有意义。

有这样一个年轻人，他年富力强、学业有成，可是毕业几年却一直没有找到一份理想的工作，女朋友也因此离他而去，嫁到了欧洲，他很郁闷。他的隔壁住着一位老人，他是个老革命，曾经当过不小的干部，可在"文革"时被错划为"右派"，游过街，蹲过牛棚。他的爱妻痛下决心和他脱离关系，撇下他和两岁的儿子。他独自拉扯着孩子，眼看着儿子已经成家立业，却在一次车祸中不幸身亡，孙子被他的儿媳带走，只是偶尔回来看看他。但是，大家从来没有听到这位老人说起自己有多么痛苦，相反，他精神矍铄、乐于助人，街坊邻居也都夸赞他，时常在生活上帮助他。

小伙子觉得老人对生活的态度不可思议，想去找老人谈谈。他鼓足勇气敲开了老人的屋门，向他说明了自己的来意和现在的处境。老人微笑着递给小伙子一杯茶，说："其实，生活很简单，一生经历的都是各种不同的风景。风景对于人来说，没有好坏之分，只有心态之别。不管遇到了什么，生活都是要继续的，如果让自己停留在痛苦中，那就相当于慢性自杀！就像我都这把年纪了，身体还这么硬朗，街坊邻居都关心我，孙子也会来看我，多好！"

小伙子听了老人的话，茅塞顿开，向老人鞠了个躬后便离开了。之后，他积极地生活，找到了一份好工作。他在职场中非常努力，由于表现出色后来升了职，也找到了一位深爱自己的姑娘。

生命中最重要的，就是要让自己活在当下。也许你正在为过去而悔恨，替将来而迷茫，感觉不到快乐。其实大可不必如此，你没有必要牵挂过去，更不必担心未来，你需要做的就是专注于眼前，忘却过去，告别过去。活在当下，即使人生中遇到了什么苦难，也不应该放弃希望，不应该丧失对未来生活的勇气和信心。只要我们好好把握此刻，活于此刻，享受此刻，快乐自然会来。

对于工作和生活，我们永远都要保持积极向上的思维，永远都要将笑容挂在脸上，永远都要最大限度地去争取快乐。没有谁的一生是完美的，也没有谁的一生是事事顺心的，在乎太多的过去只能是给我们今天的生活戴上沉重的枷锁。如果我们每天总是计较着过去的失败，在精神萎靡中生活，在意志消沉中工作，总是活在过去的痛苦中，这无异于慢性自杀。这种状态的人迟早被公司所不容，被社会所淘汰。

第四章　接纳成长，没有任何借口

总有些员工在遇到问题时就找借口，企图通过借口来逃避成长。殊不知，他们越是这样做，就越不可能成长。借口多的人成长最慢。在成长过程中遇到问题时，明智的做法是把想发泄的情绪引向问题而不是别人，把能量聚焦到想办法上而不是找借口上……

挣脱“我不想做”：机遇留给有准备的人

“我不想做”如同一句咒语，出现于一些员工的工作之中。当这个声音不断出现在他们的心底，他们的思维就会停顿下来，他们的行动就会迟缓下来，他们的态度就会懒散起来。

在我们的潜意识中，安逸与享受是最舒服的，可是一旦这种潜意识占据了我们的灵魂，我们就会变得贪图安逸、害怕困难。懒散懈怠是心灵的毒药，也是失败的罪魁祸首。带着这样的心态工作，必然不可能取得多大的成功。在企业里，只有那些主动、积极的员工，才离成功更近。

有许多员工都只是把工作视作取得基本生存保障的无可奈何的“需要”，一种无可避免的“苦役”。他们没有把工作当作一次锻炼能力的机会，一个训练、建造品格的大学校。

他们不懂得工作能激发他们内在的最优良的品格，让他们在奋斗中去发挥出他们所有的才能，去克服一切成功的障碍；他们不懂得毅力、坚忍及其他种种优质品格都是从努力工作中得来的。一个人抱怨、鄙视自己的工作，他的生命绝不能得到真正的成功。结果恐怕只能是一个，那就是“今天工作不努力，明天努力找工作”！

因此，不管你现在的工作如何，你都要以一种艺术家的精神去对待。

有人问三个砌砖的工人："你们在做什么呢？"

第一个工人没好气地嘀咕："你没看见吗，我正在砌墙啊。"

第二个工人有气无力地说："嗨，我正在做一项每小时9美元的工作呢。"

第三个工人哼着小调，欢快地说："哦，我告诉你，我正在建造世界上最伟大的教堂！"

这就是问题的症结。如果你只是把目光停留在工作本身，那么即使从事你最喜欢的工作，你依然无法持久地保持对工作的热情。如果在拟定合同时，你想的是一个几百万的订单；搜集资料、撰写标书时你想的是招标会上的夺冠，你还会认为自己的工作枯燥无味吗?

对工作满意的秘密之一就是能"看到超越日常工作的东西"。一旦心情愉快起来，就会全身心投入。原来你觉得乏味无比的事情会变得妙趣横生。这正是工作的本质所在。

这是一位成功者讲述自己的事例：

在50年前，他刚开始进入社会谋生时是在一家五金店工作，当时的工资很低，每年才挣75美元。有一次他正在店里工作，进来一位顾客，这位顾客要买一大批的货物，有铲子、钳子、马鞍、盘子、水桶和箩筐等。他准备结婚，所以提前来买一些生活用品和劳动用具。他们合力把这些货物装在板车上，装了整整一车，骡子拉起来都有些吃力。于是，这位员工决定帮这位顾客把货物送回家。当然，这完全是他自愿的。骡车在颠簸的路上行走，开始还算比较顺利，后来走着走着，车轮陷入了一个泥潭中，他们使尽吃奶的劲都推不动。

后来，路过的一位商人用他的马才将板车从泥潭中拖出来。将货物送到顾客家中后，这位员工在向顾客交付货物时，非常认真地清点货物的数目，当一切都交送完毕，天已经很晚了，员工才艰难地推着空车返回商店，但他当时的老板也并没有因此而表扬他。

出人意料的是，在第二天，那位买东西的顾客找到这位员工，他说："我发现你工作非常努力认真，而且热情很高，尤其是你在卸货时清点物品数目的细心和专注让我很赞赏，我想给你提供一份年薪500美元的工作，不知你愿意吗？"这位员工欣然接受了这份工作，从此以后，他走上了成功的职业成长之路。

《圣经·马太福音》中的"有人强迫你走一里路，你就同他走两里！"就是要求人们对对待不同的事情不仅要尽心尽力完成本份，而且要在不被逼迫的情况下，自觉自愿地为人处事。率先主动是一种极其珍贵、备受看重的素养，如果你能自愿多做一些事情，你的思维将会变得更加敏捷，它也将驱策你快速前进。

机遇总是留给有准备的员工，学会"每天多做一点"，将使你从竞争中脱颖而出，将使你得到老板、委托人和顾客的关注和信任，这也就意味着你将得到更多的机会。优秀的员工和平庸的员工，差别就在于多做了那么一点点。多想一点，多学一点，多做一点。勤学如春起之苗，不见其长，日有所增。一点一点地积累下来，你就会有很多收获。

逃离“我尽力了”：努力其实还远远不够

尽心尽力去做，才能使同样的事情在尽可能短的时间里完成，才能在同样的时间里完成尽可能多的事情，才能使速度和效率达到最高水平。尽心尽力才能够把事情做到最好，达到精益求精、尽善尽美。在不可能中寻找可能，将可能转化为现实，把事情做到最精致、最完美，贯彻超越自我的理念，从而锦上添花。

很多员工之所以没有把工作做好，不是不愿意面对困难，而是没有意识到自己原本可以做得更好，往往认为自己已经尽了最大的努力。他们嘴上经常说：

“我尽了最大的努力，只能做到这样了！”

“这件事我做了很久，应该可以了吧？”

“有什么办法呢，我只能做到这样！”

“我们的挑战太大了，做到如今这样就很不错了！”

……

事实果真如此吗？

在美国西雅图的一所著名教堂里，有一位德高望重的牧师——戴尔·泰勒。有一天，他向教会学校的学生们讲了一个故事：

有一年冬天，猎人带着猎狗去打猎。猎人一枪击中了一只兔子的后腿，受伤的兔子拼命地逃跑，猎狗在其后穷追不舍。可是追了一阵子，兔子跑得越来越远了。猎狗知道实在追不上了，只好悻悻地回到猎人的身边。猎人气急败坏地说："你真没用，连一只受伤的兔子都追不到！"

猎狗听了很不服气地辩解道："我已经尽力而为了呀！"

兔子带着枪伤成功地逃生回家后，兄弟们都围上来惊讶地问它："那只猎狗很凶，你又受了伤，是怎么甩掉它的呢？"

兔子说："它是尽力而为，我是竭尽全力呀！它没追上我，最多挨一顿骂，而我若不竭尽全力地跑，可就没命了！"

泰勒牧师讲完故事后，又向全校郑重其事地承诺，谁要是能背出《圣经·马太福音》中第五章到第七章的全部内容，他就邀请谁去西雅图的塔上餐厅参加免费的聚餐会。

《圣经·马太福音》中第五章到第七章的全部内容有几万字，而且不押韵，要背诵其全文无疑有相当大的难度。尽管参加免费聚餐会是许多学生梦寐以求的事情，但几乎所有的人都望而却步了。几天后，一个11岁的小男孩自信地站在泰勒牧师的面前，从头到尾按要求背了下来，并且一字不差，到了最后竟然成了声情并茂的朗诵。

泰勒牧师不禁好奇地问："你为什么能背下这么长的文章呢？"

男孩不假思索地答道："我竭尽全力。"

16年后，那个男孩成了世界著名软件公司的老板，他就是——比尔·盖茨。

泰勒牧师讲的故事和比尔·盖茨的成功背诵都给了我们一个启示：每个人都有极大的潜能。正如心理学家研究所得的结论，一般人的潜能只开发了2%～8%，像爱因斯坦那样伟大的科学家，也只开发了12%左右。这就是说，我们还有90%的潜能处于沉睡状态。

所以，要想创造奇迹，仅仅做到尽力而为还不够，必须竭尽全力才行!

在一家著名房地产公司的培训课上，年薪100万的销售总监并没有给新员工讲什么枯燥的理论知识，而是开门见山地问：“你们知道我为什么可以拿100万年薪吗？” 这个敏感的话题显然抓住了大家的兴趣，他们开始窃窃私语。

“没有关系。你们尽管大胆地把你们认为可能的理由说出来。”销售总监鼓励道。

“因为你学历高！”

“我只有小学学历。”

“因为你和公司的老总是亲戚。”

“我并不知道他的妻子是谁。”

“因为你有销售的天分。”

销售总监仍然摇了摇头。

……

学员们把想到的一切理由都说了，仍然没有说中。他们怀疑总监是在和他们开玩笑。

看见学员们满脸的疑惑，这位总监说起了自己的故事：“我来北京的时候只有18岁。我们家是我们那个村子里面最穷的，因为我的父亲很早就死了。我读不起书，只能读到小学。那时候，村里面的人都嘲笑我没有钱娶媳妇。说来好笑，我就是为了这句话才跑到北京来的。我发誓一定要赚足够的钱娶一个媳妇回去给他们看看。刚来这家公司的时候，公司规模还很小。我给他们免费发了三个月的传单，联系了一家客户才被录取的。做销售的，口齿要伶俐，但我的缺陷就是普通话说不好。曾经有好几次是因为客户没有听清楚我说的话，误解了我的意思而导致谈判失败。为了练好普通话，我找来小学课本，把汉语拼音重学了一遍，每天含着小石子朗诵课文，力求发音准确。普通话练好以后，我开始练胆子，你们知道胆大是销售人员必须具备的一项心理素质。我专门跑到人多的地方，大声地喊出自己的名字，并说自己一定要成功，一定会成功。周围的人都以为我是疯子，如果换作我，我也会这么想的，但我顾不得那么多了。胆子也有了，还缺乏经验。于是，我跑到西单图书大厦买来所有关于销售方面的书籍，一本一本地读。在客户方面，我的同事有的很轻松地就可以签下一笔业务。而我往往要联系几十个客户才能成功地签到一笔业务。为了谈判成功，我想尽办法获取客户的详细资料，有一次竟然遭到客户的殴打，说我窃取他的隐私……所以，我能有今天，是我付出了比别人多十倍的努力而换来的。我年薪拿100万，靠的就是两个字：努力！”

销售总监的故事讲完了，台下响起了一片热烈的掌声。

我们往往以为自己很努力了，其实还远远不够。没有足够的努力，就不要想着100万的年薪。鲜花和掌声从来不会光顾那些懒惰的员工，超人的成就往往是用付出比常人多数十倍的努力换来的。

谁说“这不可能”：不断挖掘自己的潜能

工作中，领导不会故意为难你，更不会安排给你客观上无法完成的任务。所谓的“不可能”往往只是你个人的主观认识，更多的时候不过是一个借口。有一句老话说：“看看乌龟，只要它伸出脑袋，它就会一直往前爬！”同样，你也需要持续前进的信念，不能因为有难度就放弃，要永远保持前进。

你是不是正遭遇这样的情况：领导安排你去完成一项任务，但是提供的条件有限，于是，你的第一反应是：“我完成不了这个任务，It is impossible！”其实，天底下几乎没有什么不可能的事情，可能的情况是，你不敢去做、不敢接受挑战。

亨利·福特被誉为“汽车大王”，这个称谓不仅说明福特在汽车领域取得了卓然的成就，也说明他在行为处世方面有着王者的风范。福特曾经说过：“如果你认为自己能成功或是认为自己不能成功，通常情况下你都是正确的。”

他在决定制造著名的“V8”型汽车时，要求工程师们在一个引擎上铸造8个完整的汽缸。这是史无前例的，当时每个工程师都摇头表示“这不可能！”然而迫于如果不干就会失业的压力，他们硬着头皮开始了新的研制。由于他们谁也没有把成功输入到自己的意识里，导致那部分潜能闲置起来。六个月过去了，研制一点进展也没有。

福特开始寻找新的工程师来完成这项研制活动，经过反复筛选，他选择了几个对研制“V8”型汽车充满信心的人。因为福特坚信，人一旦有了必胜的信念，他的所有潜能都会被激发出来，成功只是个水到渠成的结果罢了。

正如福特所料，经过反复的研究和实践，新挑选的几个工程师终于找到了制造“V8”型汽车的关键点。

一个人只有具备积极的自我意识，才会用心进行思考，通过思考才能知道自己是个什么样的人，能够成为什么样的人，自己应该怎样做一件事，怎样更好地完成这件事。因此，他能积极地开发和利用自己的巨大潜能，干出非凡的事业来。

彭波刚进入公司不久，第二天要面对中上层几十个领导做一个新产品发布的介绍，他非常紧张，怕自己面对那么多人无法开口说话，担心报告会失败，以致一整天都丢三落四，无法定下心工作。下班后，他来到要举行发布会的会议室，坐在主持人的位子上，他想象着周围的领导们，对面是总裁、旁边是总经理、副经理、部门经理……他们对他都报以期待的眼神。这时，他突然觉得，做好这个报告不只是他的工作，更是一种责任，他需要有条理地、气定神闲地将这个新产品介绍出去，因为他为此费了很多心思，而且这个新产品的确具备很乐观的市场前景。这样一想，他的紧张情绪即刻减少了。第二天，他非常出色地完成了推新介绍，赢得了一致好评。

在心理学上，积极的心理暗示会通过显意识进入潜意识，最终到达最深层的意识，然后显现出我们想要的灵感、想象、直觉等。

面对同样一个问题，有的人认为“肯定不行”，于是消极的暗示将他们拖入失败的“地狱”；有的人坚定地认为“一定可以”，所以在积极的暗示下，他们取得了成功。

任何人的成功都不是注定的，成功的根本原因是开发了人的无穷无尽的潜能。人的潜能犹如一座沉睡的火山，蕴藏着无穷的能量，只要你抱着积极的心态去开发你的潜能，你就会有用不完的能量，你的能力就会越来越强。

每个人的身上都蕴藏着巨大的潜能，都有着一座巨大的“宝藏”，都有着一个巨大的“可能”，都可能创造一个巨大的“奇迹”。这些潜能足以令你的理想变为现实。只要你能不懈地挖掘自己的潜能，不懈地运用自己的潜能，为实现自己的理想付出辛劳，就能取得你想象不到的成功。现在，就让你的“小宇宙”尽情燃烧吧！

可笑“没人帮我”：只有自己才最靠得住

“没人帮我”是一个经不起追问的借口。想想看：是你自己的目标计划，为什么要别人帮你呢？如果真的需要帮助才能达成，而你客观上得不到这样的帮助，那只能说明你的计划不成熟，缺乏可操作性。

现代企业管理，强调的是团结协作，因为公司成员之间只有真诚合作，才能顺利实现公司制订的各种目标。然而，那些真正取得成功的人不仅依靠他人，更重要的是靠自己。他们虽然也注重团结协作，却从来不会把“没人帮我”这句话说出来。

一个本来可以独立完成的工作，为什么其他人可以做得到，你却做不到？当你说“没人帮我”的时候，是不是意味着自己没有足够的能力来胜任这份工作？

如果你负责的事情出了问题，这的确比较麻烦，你也许不想承担责任，可是，既然是你负责的，责任是你永远也推不掉的，与其在事后找“没人帮我”这样幼稚的借口，为何不在接受这件事情时就提出来？为什么要在出现问题的时候才拿出来推卸责任？

“天助自助者”，如果你把这句话记在心中，付诸行动，那么这句话的力量之大将超乎你的想象。然而事实刚好相反，很少有人能将这句话真正当成人生的信条，我们常常看到的是一些人苦苦抱怨：

“人生道路充满艰辛，在我如此困难的时候却没有一个人伸出援手。”

“我始终都处在社会的最底层，上天不眷顾我，他人不帮助我，如此下去我永远都不会逃脱命运的捉弄。”

面对工作中的重重困难，每个人都渴望在关键时刻得到上天的帮助和别人的援手，有的人得到了，所以他们更快地获得了成功，他们之所以得到帮助，是因为他们懂得自己帮助自己；而有的人却始终处在孤立无援的境地，他们只能眼睁睁地看着机会从身边溜走，他们的失败正是因为他们不懂得自助。

“天助自助者”的成功法能适用于一切积极的人，只要我们真正的行动起来，就会发现某些事情并非我们当初想象的那样困难。在行动过程中，我们会不断生出更多的好想法、好创举，从而克服各种困难，圆满完成工作。

然而，让人难以接受的是，很多员工并非认识不到“天助自助者”的重要性，而是以没有获得帮助为借口来推托或者逃避责任，这种借口经不起推敲，反而很容易暴露出一个人责任心的匮乏。所以，如果你还心存梦想，就从现在开始，抛掉一切借口，抛掉懈怠、懒惰，立即着手做你目前该做的事，完成你应当完成的事业。

在一次职业素养培训课上，培训师巧妙的授课方式给我留下了深刻的印象，令我至今记忆犹新。

那是针对刚刚入职没多长时间的新员工而举办的培训，大部分人都对自己工作上面临的诸多问题忧心忡忡，觉得自己很迷茫，找不到方法。培训师之前了解到了这个情况，因此在开始的时候没有像其他人那样直接就进入理论授课，而是拿起一张纸扔在了地上，请坐在前面的一位学员回答：请问这张纸有几种命运？

那位学员一时愣住了，好一会儿才回答：“扔到地上就变成了一张废纸，这就是它的命运。”培训师显然并不满意他的回答。他当着大家的面在那张纸上踩了几脚，又捡起那张纸，把它撕成两半扔在地上，然后，心平气和地请那位学员再一次回答同样的问题。那位学员被弄糊涂了，他红着脸回答："这下纯粹变成了废纸。"

培训师不动声色地捡起撕成两半的纸，很快，就在上面画了一匹奔腾的骏马，而刚才踩下的脚印恰到好处地变成了骏马蹄下的原野。

培训师举起画问那位学员："现在请你回答，这张纸的命运是什么？"那位学员的脸色明朗起来，干脆利落地回答："您给一张废纸赋予了希望，使它有了价值。"

培训师脸上露出一丝笑容。很快，他又掏出打火机，点燃了那张画，一眨眼的工夫，这张纸变成了灰烬。

最后，培训师说："同样一张纸，当你放弃的时候，忽视甚至践踏它，就会使它变得一文不值；当你想要改变的时候，给它一些希望和力量，它就会起死回生。一张纸是这样，一个人面对工作时也是如此。其实，能改变你现状、改变你命运的就是你自己！"

的确，一张纸可以变成废纸扔在地上，被我们踩来踩去；也可以折成纸飞机，飞得很高让我们仰望，关键在于你怎么去把握。一张纸尚且有多种命运，更何况我们呢？

在这个世界上，聪明的人并不是很少，而成功的，却总是不多。很多聪明人之所以不能成功，就是因为他在已经具备了不少可以帮助他走向成功的条件时，还在期待能有更多一点成功的捷径展现在他面前；而能成功的人，首先就在于，他从不苛求条件，而是自己为自己创造条件——哪怕他只剩了一只眼睛可以眨。

中午休息时间到了，一位新员工在一位老员工的带领下到楼下餐厅吃饭。闲聊中，新员工问老员工："这个世界到底有没有命运？"老员工说："当然有啊。"新员工又问："命运究竟是怎么回事？既然命中注定，那奋斗又有什么用？”老员工没有直接回答新员工的问题，他笑着抓起新员工的左手，说要先看看他的手相，帮他算算命，然后讲了一些生命线、爱情线、事业线等诸如此类的话之后，突然，他对新员工说：“把手伸好，照我的样子做。”他举起左手，慢慢地且越来越紧地握起拳头。末了，他问：“握紧了没有？”新员工有些迷惑，答道：“握紧啦。”老员工又问：“那些命运线在哪里？”新员工机械地回答：“在我的手里呀。”老员工再追问：“请问，命运在哪里？”

新员工如当头棒喝，恍然大悟：命运在自己的手里！老员工很平静地继续道：“不管别人怎么跟你说，记住，命运掌握在自己的手里，而不是在别人的嘴里。这就是命运！”

当然，再看看你握紧的拳头，你还会发现你的生命线有一部分还留在外面，没有被握住，它又能给我们什么启示？命运绝大部分掌握在自己手里，但还有一部分掌握在“上天”手里。古往今来，凡成大业者，“奋斗”的意义就在于用其一生的努力去争取。但是如果你不靠自己去争取，就连这一点的机会都了没有。

不管什么时候，牢记这句话：“只有自己才是最靠得住的。”所有成功的秘诀在于——自我奋斗！除此以外，别无他法。

何惧“问题太多”：机会就隐藏在麻烦中

很多员工总是会被那些所谓的问题难住，于是觉得工作不好开展，找不到出路，越做越难，最终放弃。其实，问题就相当于“出路”，“问题”越多，也意味着你的“出路”就越多。

这个世界不存在完美的东西，也就不存在没有任何问题的公司。遗憾的是，很多人因为这些问题的存在而选择了离开或者懈怠工作，于是永远平庸而得不到进步。

也许，你现在所在的公司里存在着不少问题，你便开始抱怨。那么，我告诉你：著名的戴尔公司也曾经出现过问题！

戴尔公司是世界500强企业之一，创立于1984年。戴尔直销模式的特点是在短期内可以极大地提升企业内部的运营能力，形成在某一个阶段的核心竞争力。长期以来，直销模式一直是公司的主要销售模式，并在戴尔公司的发展过程中起到过重要的作用。因此，公司上下从来没有人怀疑过直销模式在企业中的地位和作用。但是进入21世纪以来，随着戴尔公司的不断发展，直销模式在某种程度上伤害了客户、员工以及合作伙伴的利益，并且形成了一种消极的企业文化，最终使得这种直销模式在市场上失去了竞争优势，不断地受到市场上同行业其他营销模式的冲击。

2007年年初，戴尔对公司进行了大刀阔斧的改革，对原来的管理队伍进行调整，精简人员，雇佣旭电公司的前首席执行官迈克尔·坎农组建了新的全球商务运营部门，而戴尔在中国内地市场则开始通过登陆国美货架与更多的消费者进行互动。

问题就是事物在发展过程中出现的不足，而且它会随着事态的发展不断地发生改变。因此，暂时没有发现问题并不代表没有问题，一个始终不能得以解决的问题足可以导致事态向更坏的方向发展。就像戴尔公司，如果公司的高层认为直销模式是世界上最好的销售模式，而不根据市场的变化作出相应的调整，那么戴尔公司必将被这一问题所摧毁。

每一家企业在其成长过程中，总会隐藏着各种各样的问题。问题是与企业的成长相伴相随的，也正是因为有了问题的存在，才需要员工的不断努力，才能促使企业不断取得成绩。可以说，问题与成绩是并存的，两者互为条件、相互影响。只要你是一个懂得为企业发现问题、解决问题的员工，就能获得与企业一起前进的机会。

在一个公司里，上至高层领导，下至基层员工，不论他的工作是简单是复杂，不管他的职位是高还是低，问题总是避免不了的。这个世界上不存在一份没有问题的工作，或者说，只要有人的地方，就永远有问题存在。

李明最近非常郁闷，因为工作中的问题太多了，常常把他弄得焦头烂额，他为此牢骚满腹，情绪也越来越暴躁，于是，他去向一位职业规划师求助。

了解了他的情况后，职业规划师说："我带你去一个地方！"

职业规划师开车把李明带到了郊外，李明下车后诧异不已，原来是一处墓地。职业规划师指着前面的坟墓对他说："只有这里才没有问题，也只有这里的人才不会被问题困扰。"李明恍然大悟。

的确如此，只要生活在这个世界上，我们就会遇到各种各样的问题，小的时候要解决说话、走路、穿衣的问题；上学的时候，要解决读书、写字的问题；参加工作后，要为企业解决问题。一样的道理，工作中有问题是很正常的，没有问题才是不正常的。

公司的问题不可能因为我们的回避而自动消失；而问题得不到解决，公司的发展就会受到一定程度的阻碍；公司发展受阻，当然也会影响到个人的发展。当工作中出现问题时，我们要做的不是抱怨、不是逃避，而是去面对、去钻研，找到解决问题的方法。

一定要记住：工作中有问题是正常的，正如人生中会遇到种种麻烦。还没听说过在工作中没有碰到问题的人，不论他是老板还是员工。我们经常听人讲这样一句话：天底下没有免费的午餐。也许你幻想着公司里的问题都已经有人给你解决掉了，对你来讲只需做现成的、容易的事。那么，你要知道这只是一种美好的幻想而已！

问题与机遇并存，而且问题与机遇并不冲突。相反，如果你不能发现和解决新的问题，也就不可能发现和抓住与问题相伴而来的新机遇。在工作中，新的问题有时候会带来新的机遇，而机遇同样也会以问题的面目出现。如何变问题为机遇，在机遇出现时将问题处理好才是工作的关键。聪明的员工往往善于在问题中寻找机会，他们在问题中遇到的机遇要比他们在其他地方遇到的机遇更多。

美国著名的新闻记者罗伯特·怀尔特曾说："任何人都能在商店里看时装，在博物馆里看历史，但只有具有创造性的开拓者才能在五金店里看历史，在飞机场上看时装。"

无论是处于基层的普通员工，还是身为中层的管理者，那些取得一定成就的杰出人士，都会致力于解决自身的和工作中的问题，努力发现问题，并努力抓住与问题相伴的机遇。一定要记住：有问题才有思考，有思考才有发现，有发现才有希望，有希望才有出路。不要拒绝问题，因为，你拒绝了问题，就拒绝了成功的出路！

别说“薪水太少”：不要把钱看得太重要

在职场中，薪水的差异是由社会环境、个人能力、行业经历、企业体制等多方因素造成的。这些是短期内无法改变的，所以首先你要让自己好好成长、成熟起来，相信有一天，一旦你具备了更好的工作能力，那时候自然有机会得到更高的薪水，这绝对是水到渠成的事情。

作为一个普通员工，你也许会经常抱怨薪水太少，但是却很少想过：薪水只是职业生涯中一个小小的收获，只为薪水而工作，就会把自己局限在一个很小的圈子里，让自己的人生路越走越窄。而那些不太考虑薪水高低的人，把视野放得更远、更大，能抬到更多的机会，让自己快速成长起来，比别人更早地走出毕业这几年的“蘑菇期”，奔向更大的成功！

微软公司是许多有梦想的年轻人向往的工作单位。2001年，李健从上海交通大学毕业，踌躇满志地前往微软全球技术中心应聘。经过了六轮激烈的面试，一路过关斩将，他走到了最后一关的面试官——该中心的总经理面前。

但是，李健第一次面试没有成功。他在第一次遭拒后给总经理写了一封信，询问进不了微软的原因。在得知专业知识还不够标准后，李健没有气馁，他回去看了很多书，恶补了微软的技术之后，第二次来微软面试，结果再一次被总经理否决。总经理告诉他说，虽然他有了明显的进步，但是技术水准还是不够。李健又回去恶补，第三次站到总经理的面前。

面试结束之后，还没等总经理宣布面试结果，李健就说：“其实今天的结果对我已经不重要了。重要的是经过这三次面试，我知道自己哪里不足，这个经历激发了我的学习精神，培养了我应对挑战的能力。我已经得到了很多，谢谢您。”

总经理被他感动了，当场宣布录用了他。因为李健这种不服输的毅力以及每次面试时表现出的勤奋努力的学习精神，都是微软公司最为看重的。李健成了微软的员工，一年之后他还被提拔做了经理。

对于自己为什么如此执著和专情，李健解释说：“并不是因为微软提供的薪水很高，而是微软的其他各方面都令人满意。我只是想证明自己有能力成为微软的员工。”

对于为什么会录用李健为微软的员工，总经理这么认为：“我觉得这种勇于挑战、坚忍不拔的毅力正是微软所要的，所以最后我录用了他。现在他已经被提升为经理，成了一名非常优秀的员工。”

微软公司需要的不是最优秀的员工，而是最适合微软的员工。微软公司对于人才的要求，很强调一点，那就是要确认即使一个人再优秀出色，其他人今后是否愿意和他一起工作。

对于目前很多员工只知道抱怨薪水太少这样的现象，有位职业经理人发表自己的观点：“刚刚进入企业的人，头五年千万不要说你能不能多给我一点工资，最重要的是能在企业当中学到什么，对发展是不是有利。”可以说，一家优秀的企业吸引人才，靠的不仅是提供合适的薪水，更是给员工以前途和希望，这无疑是最有竞争力的招聘砝码。

一位20多岁的年轻记者去采访日本著名的企业家松下幸之助。

年轻人很珍惜这次采访机会，做了认真的准备，因此，他与松下先生谈得很愉快。采访结束后，松下先生亲切地问年轻人："小伙子，你1个月的薪水是多少？"

"薪水很少，1个月才1万日元。"年轻人不好意思地回答。

松下先生微笑着对年轻人说："很好!虽然你现在的薪水只有1万日元，但是你知道吗？你的薪水远远不止这1万日元。"

年轻人听后，感到非常奇怪。看到年轻人一脸的疑惑，松下先生接着说："小伙子，要知道，你今天能争取到采访我的机会，明天你也同样能争取到采访其他名人的机会，这就证明你在采访方面有一定的潜力。如果你能多多积累这方面的经验，这个积累的过程就像你在银行存钱一样。钱存进了银行是会生利息的，而你的才能也会在社会的银行里生利息，将来能连本代利收回来。"

松下先生的一席话，使他茅塞顿开。

许多年后，已经作了报社社长的年轻人，回忆起与松下先生的谈话，深有感慨："对于年轻人来讲，注重才能的积累比注重目前薪水的多少更重要，因为它是每个人最厚重的生存资本。"

有一句话说得好："今天的成就是昨天的积累，明天的成功则有赖于今天的努力。"把工作和自己的事业联系起来，对公司负责，时刻站在企业立场，你就能容忍工作中的压力和单调，觉得自己所从事的是一份有价值、有意义的工作，并且从中可以感受到使命感和成就感。如此，晋升加薪也是指日可待的事情，你也终将成为企业里最需要的员工。

阿基勃特是美国标准石油公司的一名普通职员，他无论在什么场合中签名，都不忘附加上公司的一句宣传语——“每桶4美元的标准石油”。时间长了，同事、朋友干脆给他取了个“每桶4美元”的外号，他的真名反而没人再叫了。

公司董事长洛克菲勒听说了此事，便叫来阿基勃特，问他：“别人叫你‘每桶4美元’，你为什么不生气呢？”阿基勃特答道：“‘每桶4美元’不正是我们公司的宣传语吗？别人叫我一次，就是替公司免费做了一次宣传，我为什么要生气呢？”

洛克菲勒感叹道：“时时处处都不忘为公司做宣传，我们需要的正是这样的员工。”

5年后，洛克菲勒卸下董事长一职，阿基勃特成为标准石油公司的下一任董事长，他得到升迁的重要原因之一就是之前站在公司的立场，坚持不懈地为公司做宣传。

阿基勃特之所以成功，归根究底，是因为他在当普通员工时从没有以“薪水太少”来逃避责任、来回避问题，而是发自内心地对公司怀有一种归宿感和责任感。当然，对于他这样时刻以公司立场作为出发点，发自内心深处地对待自己的工作，从一点一滴的小事到举足轻重的抉择，都责无旁贷地全身心投入，以此作为对自己所在公司的报答的人，公司也给予了相应的回报。

马云说过：“在职业上升期，不要把钱看得太重要，而要将钱看‘轻’，一个人头脑里面老想着钱，那他成不了大事。”抱怨工资微薄于事无补，掌握真才实学，才是最过硬的安身立命之本。

撇开“没有指示”：有些事不必老板交代

你必须永远保持主动率先的精神，在领导未下达指令前，积极去考虑，主动寻找自己应该做的事。如果能做到这样的话，纵使面对缺乏挑战或毫无乐趣的工作，你终能最后获得回报。当你养成这种自觉自发工作的习惯时，你就有可能比别人更进一步获得职业生涯的成长。

曾经有这么一段相声：小偷得到情报，警察将要打击小偷的公司，可是小偷的公司机构臃肿，官僚作风严重，凡事必须层层汇报，最后贻误时机，小偷公司的人全部锒铛入狱。小偷最后感慨：官僚主义害死人啊！这段相声具有很强的现实讽刺意义。其实，不仅是政府部门，任何企业的员工都要审时度势，根据自身的责任范围和职责权限，主动去执行工作。“早请示晚汇报”本来是一件好事，也是我国过去一种表现工作中下级对上级尊重的形式。但是如果任何事情都因为“没有指示”就不去做，不但可能影响工作进度，甚至贻误良机，使企业遭受重大损失。

职场中有很多这样的人，经常闲着无事可干，走过去一问原因，就说：“老板安排的事情做完了啊！”这样的人每个公司都大有人在，他们认为，只要做完老板安排的工作任务就是做到最好了。

这种老板安排一件事情就只做一件的人，迟早会失去工作，因为，老板根本没有那么多时间来安排他的工作。如果你想成为优秀的员工，那么，就要做到不等老板来检查，你就做了你的工作，而且还要懂得主动去做更多的事情。

一天早晨，当钢铁大王斯威伯的轿车刚刚停在自己钢新铁厂的停车场时，立刻就跑过来一名速记员。斯威伯打开车门，向他询问原因。这位速记员说，他立刻赶上前来的原因，只是希望如果斯威伯先生有任何信件或电报要写的话，他能够马上提供服务。

没有任何人吩咐这位年轻人一定要在场，但他有足够的想象力，让他能够看出，他这样做对自己的前途只有好处，没有坏处。

从那一天起，这位年轻人就"注定"要踏上成功之路了。斯威伯先生之所以独独看中这位年轻人，是因为他做了贝泰公司其余十几名速记员能够去做然而一直没做的事。

后来，这位年轻人成为了世界上规模最大的一家药品公司的总裁。

在这个激烈竞争的社会中，做到全心全意、尽职尽责是工作必需的，但它还不足以让你脱颖而出，除了做好自己分内的工作外，不能因为"没有指示"就给自己推卸或逃避的借口，而是应该多想一点、多做一点，多为你的老板、你的客户考虑一点，这样才能让自己吸引更多的注意，才能给自己创造更多的机会，成功的概率才会更大。

对于主动的人来说，有些事是不必老板交代的。如果老板说："给我编一本前往欧洲用的密码电报小册子。"主动的人得到老板指示后，会转身就去寻找密码电报资料，并设身处地为老板着想，认为把小册子做得便于携带、容易查询是必要的，于是用电脑清晰地打出来，变成一本小小的书，甚至用胶装订好。而被动工作的人呢，他们听到老板的要求，就会满脸狐疑地提出一个或者数个问题：

“从哪儿能找到密码电报？”

“哪些图书馆会有这样的密码电报资料？”

“这是我的工作吗？”

“为什么不让杰克去做呢？”

“急不急？”

然后，他会随便简单地编几张纸，完成任务即可。

如果你是老板，你必定会对那个满脸狐疑的家伙随后交来的几张皱巴巴的密码电报纸不放心，还得经过仔细的核对和确认后，才敢在飞往欧洲前把它放入自己的公文包。

老板交代的任何事，可以做好也可以做坏。可以做成60分，也可以做成90分。但只有主动的人，才会把工作做得尽善尽美。主动的人实际完成的工作，往往比他原先承诺的要多，质量更高。主动的人不缺乏加薪和升迁的机会。任务是老板布置的，但是做到何种程度，是你自己可以决定的。有些事情，不用老板都交代。

姜婷是一家IT公司的销售经理。有一次，她去一家销售公司联系一款最新的打印设备的销售事宜，因为是一款大众化的新品，并且厂家即将展开大规模广告宣传，为了开拓新市场，厂家对经销商的让利幅度也非常大。姜婷决定在媒体大量宣传报道之前同一些一直有往来的经销商敲定首批的订量。不巧的是，同她一直保持业务关系的那家公司的老板不在。当她提起即将推出的新品时，一位负责接待她的员工冷言相对：“老板不在！我们可做不了主！”

姜婷继续把厂家准备如何做该款新品的宣传、需要经销商如何进行渠道开拓的设想向这位接待人员讲解，试图得到他的理解和回应。但是，令她失望的是，那个销售人员根本不听她的解释，只用非常简单的一句话搪塞：“老板不在！”

姜婷来到有业务联系的第二家公司。不巧的是，这家公司的老板也不在。虽然很失望，她还是想试一试，看能否说服接待她的人。接待她的是位新来的年轻员工，不仅人长得精神，而且非常热情，他马上倒了一杯水给姜婷，还主动介绍了自己的情况。当姜婷向他说明了来意后，他觉得是个不错的商机，便主动要求姜婷第二天就给他们公司送货，其他具体事宜就等老板回来以后定夺。后来，自然是这位年轻员工为公司接到了一大笔生意，因为这是一个新产品，而且他们公司是独家代理，所以不到一个月就销售了近3000台，净赚了6万多元。老板大大表扬了这位员工，还提拔了他。而第一家公司的员工则因为以“老板不在”为由，推卸了自己作为公司的一份子应该负的责任，得到批评并降职的结果。

老板不在正是考验一个员工的时候，一个优秀的员工此时更应该时刻保持应有的忠诚，绝不可因小失大，因为一时的疏忽而失掉做为一个优秀的员工所具备的品质。

老板不在时我们还应该具备一种职业使命感。一旦有了使命感，不论遇到多么困难的任务，都会有一定要完成它的坚强信念。具备坚强使命感的员工，无论什么时候都能最大限度地发挥自己的作用，担负起自己的使命和任务。

不怕“市场难做”：积极行动并抓住时机

“市场难做”，这是一句出现在销售部门的陈词滥调。如果市场容易做，那还要优秀的销售员干吗？不能因为市场难做，就觉得反正也无法扭转局面，干脆混着。结果谁也不愿意做，使公司市场区域日益缩小。这样，公司没有“效益”，你更没有“利益”可得。

把梳子卖给和尚，把冰卖给爱斯基摩人，把防毒面具卖给森林中的马鹿……这些市场看起来够难做的吧？对大多数推销员而言，这些都是客户并不需要的产品，看上去都是不可能完成的任务。但是，对推销高手与销售精英而言，更多的则是接受类似不可能完成的任务和超越自我的挑战，他们所要完成的工作就是将幻想变成理想，将理想变成现实，将所有的不可能通过努力和技巧变成一种实实在在的可能！

在营销界，有这样一个故事广泛流传：

某公司创业之初，为了选拔真正有效能的人才，要求每位应聘者必须经过一道测试：以比赛的方式推销100把奇妙聪明梳，并且把它们卖给一个特别指定的人群——和尚。

甲跑了三座寺院，受到了和尚无数次的臭骂和追打，但仍然不屈不挠，终于感动了一个小和尚，买了他一把梳子。

乙去了一座名山古寺，由于山高风大，把前来进香的善男信女的头发都吹乱了。乙先生找到住持，说："蓬头垢面对佛是不敬的，应在每座香案前放一把木梳，供善男信女梳头。"乙先生的说法得到了住持的认同，住持买下10把梳子。

丙来到一座颇富盛名、香火极旺的深山宝刹，对方丈说："凡来进香者，多有一颗虔诚之心，宝刹应有回赠，保佑平安吉祥，鼓励多行善事。我有一批梳子，您的书法超群，可刻上'积善梳'三字，然后作为赠品。"方丈听罢大喜，立刻买下100把梳子。最后丙被录用为市场部主管。更令人振奋的是，丙先生的"积善梳"一出，一传十，十传百，朝拜者更多，香火更旺。于是，方丈再次向丙订货。这样，丙不但一次卖出100把梳子，而且获得长期订货的优异成果，实现了营销工作的最优化和最大化。而对于公司而言，最大的收获不止是订货单，更是丙这位创建非常之功的非常人才。

不知道你在看完了这则故事后，有何思考和启示？"市场难做"，这的确是一个客观的问题，把梳子卖给和尚？这不是天方夜谭吗？但是丙并没有以这个作为借口，而是转变了推销的方法，投人所好，把物与物之间的关系联系上了。从不可能的商机中，开发出潜在的广阔市场。

美国亿万富翁约翰逊说："遇到障碍我会诅咒，然后搬个梯子爬过去。"如果无法改变别人，最好的方法就是改变自己。市场的确不好做，如果你消极被动只会错失良机，那何不积极行动抓住时机。"酒香不怕巷子深"的年代已经成为过去，特别是在今天这种激烈的市场竞争中，如果自己不先动起来，将很难抢占到属于自己的份额。面对市场，不管有多么难，都要以积极的心态面对困难和挑战，勇敢地行动起来。

1988年，24岁的杨元庆正在中科院自动化所做论文。他当时的人生目标是到美国拿一个博士学位。为了在出国前锻炼一下自己，杨元庆决定先在中关村找一个单位工作一段时间。当时恰逢联想第一次大规模面向社会招收高层次的人才，他便什么都没准备就去应聘。主考官对杨元庆进行了半个多小时的面试，经过初试、复试后，他被正式录取。

此时，他还没有正式毕业。进联想工作，对他而言只是临时性的。令他没想到的是，他被分到了公司销售部门，工作内容是卖Sun工作站。这并不符合他的专业，因为他学的是理论，是搞科研的。但他并没有因此放弃这份工作，而是骑着一辆破自行车四处转，推销产品。当时，联想还没有自己的产品，主要是替别人代理。这样一来，他不仅代理了产品，也代受了许多气。他的电话被客户挂断过，他也经常站在客户的门口一等就是半天。现实状况和自己的梦想相差甚远。

这份临时工作让他得到了全面的锻炼。接待客户、开票收款、焊接网线、出差去用户那里一点点地调试机器，跑来跑去做售后服务……学了7年的计算机专业课程用得很少。虽然忙得要死，但是他因此练就了在那个时代中国企业家最缺少的一种能力——做市场。

对于杨元庆来说，他并没有因为“市场难做”就放弃，尽管他所从事的职业和当初想要的、所学的专业是不一样的，但是经过一段时间的锻炼之后，他收获了另一个方面的知识。因此，从现在起，请不要再把“市场难做”作为一个借口了，任何事情都有好与不好的一面，只要你坚持下来，就会发现，最后你竟然从中得到了另一种收获。

第五章　稳步成长，依靠自我修复

很多员工都在追求着自身的成长，但并不是每个员工都能够如愿以偿。依靠自我修复，稳步地成长，你就能看清前进的方向，迅速查清问题的所在，调整自己到最合适的状态，使你的工作按照你所设想的那样稳步前行。

先当种子，再当金子

种子可以发芽，金子能够发光，没有人愿意一直被人看作一颗种子，你一定很想成为公司里耀眼闪光的金子。但是从“种子”到“金子”，不是一个简单的跨越，你必须付出更多的努力，不断提高、锻造自己。

很多新员工心高气傲，时时处处事事显示出一种优越感，总觉得自己是一匹千里马，是一个人才，一直期待着有伯乐来发现自己、有领导来赏识自己。但现实的情况远非他们所想的那样。因为还在自我成长阶段，他们在公司里还没有能力制造光辉、照耀周围，根本无法做到“真金不怕火炼”，也就无法像真金那样发光，成为众人瞩目的焦点。于是，当从一种优越感逐渐转为一种失落感甚至挫败感时，当由坚信自己是一块“金子”到怀疑自己是一颗“沙子”时，对未来的担心与迷茫就会与日俱增。

不少员工总是觉得自己“怀才不遇”，他们认为自己蛮有水平、蛮有能力的，只是缺少伯乐的赏识，缺少让他们施展才能的舞台，所以一直没有什么作为与成就。为了“自慰”，对自己说一句：“天生我才必有用”；为了“他慰”，对满腹牢骚的朋友鼓励一下：“是金子总会发光。”

其实，你要仔细掂量一下：自己是否真是“金子”？是真金子，手中就必定要有绝活，才能上就必定要有过人之处。一句话：

真金是要靠实力来证明的，你必须得先把自己的本领给修炼好了才行。

所以，目前的你，暂且还只是一颗“种子”，不要固执地认为自己是一块“金子”，如果这样，你可能连一颗“种子“也做不好。

一个自认为怀才不遇的年轻人，毕业后进入了一家梦寐以求的企业，但并没有像他想象中的得到领导的“赏识”，他觉得自己这匹千里马碰不到伯乐，现实对自己太过残酷，于是便在愤懑之下来到大海边，迷茫地望着大海。

这时，恰巧一位老者从附近经过，走来问年轻人为什么神情如此沮丧，年轻人对老者说：“我有能力，但是领导不赏识我，同事不认可我，公司不重用我，我感到很失望。”

听了年轻人的话，老者从沙滩上捡起一粒沙子，扔到不远处，然后对年轻人说：“现在你去帮我把我刚刚丢下的沙子捡回来。”

年轻人一惊，回答道：“这怎么可能呢？沙子太小，太不起眼了。”

接着，老者从口袋里掏出一颗晶莹剔透的珍珠，又扔到地上，然后对年轻人说：“那么我现在要你把那颗珍珠捡起来，你做得到吗？”

年轻人回答：“当然可以，这太容易了。”

看到年轻人一副若有所思的样子，老者语重心长地说道：“要想受到别人的重视，你就必须做一颗珍珠才行，但是现在的你还不是一颗珍珠，你还没有做到脱颖而出，所以你无法被别人看见，当然也无法得到别人的承认。如果要别人承认，那你就要想办法使自己成为一颗珍珠才行。”听到这里，年轻人无语蹙眉。

沙子进入贝壳后，需要经历漫长的过程，才能变成一颗晶莹剔透、价值连城的珍珠，而且也不是每一粒沙子，都能成为珍珠。从“种子”变为“金子”的过程也是如此。“种子”可以发芽，但是不经历一番艰苦的磨炼也很难变成金子，闪耀出耀眼的光芒。想卓尔不群，就要有鹤立鸡群的资本才行。忍受不了打击和挫折，承受不住忽视和平淡，就很难达到辉煌。

中央电视台著名节目主持人王小丫，如今在央视可谓是炙手可热，是名副其实的“金牌”主持人，但是也许很多人不知道，如今光芒四射的她，在刚刚进入单位上班时，也同样是一颗不折不扣的“种子”。

当年，王小丫从四川大学经济系毕业后，被分配到一家经济类报社工作。但是令这个高材生没想到的是，她的第一份工作竟然是到通联部抄写信封。

面对这样的工作，王小丫一遍遍地问自己：“难道这就是大学生的工作吗？”那时她感到十分沮丧，甚至到了绝望的地步，无论如何也想不通。

但是她还是坚持做了下来，一个月、两个月、三个月，王小丫抄写信封的速度越来越快，甚至快到一个人可以承担三个人的工作量。

看到王小丫把工作做得又快又好，她的领导便问她：“愿不愿意做点其他的工作呀？”

就这样，王小丫先后在文摘版、理论版和副刊版担任编辑，后来经过不懈努力，最终成为一名出色的电视节目主持人。

“种子”象征着一种潜力，有着巨大的内在价值；而“金子”代表着一种实力，价值可谓显而易见。成为“金子”的员工才能受到他人的重视。

“种子”重在进行专业化培养，而“金子”则重在职业化保值和升值。因此，要想通过公司成就一番事业，显示自己的价值，就要做一块闪耀的金子。

要从“种子”向“金子”跨越，你就必须经得起磨炼和挫折，承受得起平淡的过程，容忍得了他人的忽视，这样你才能在自我练就中逐渐发掘自身潜力，创造自身价值，使身价不断提升，逐渐成为一块“金子”。

能干是工作的资格证，肯干是工作的通行证

不管何种工作，都包括两种境界——能干和肯干。层次不同，在公司里的发展潜力也不可同日而语。能干是合格员工最基本的标准，肯干则是优秀员工最基本的态度。一位员工要想成功，必须在平凡的岗位上踏实肯干，才能实现由平凡到伟大的蜕变。

一个刚刚步入社会参加工作的年轻人，最深刻的感触莫过于所从事工作的平凡、所干事情的琐碎。看着那些资历比自己老的员工整日悠闲得在那里一杯茶一张报就是一天，你是不是会心生不平呢？

你可能觉得成功遥不可及，然而，并不是这样。要想成功其实很简单，就看你愿不愿意在平凡的时候任劳任怨、蓄积力量，在自己飞上天空前做好助跑工作，最终实现伟大的飞跃。

能干工作、能干好工作是职场生存的基本保障。任何人做工作的前提条件都是能干，也就是说他的能力能够胜任这项工作。能干是合格员工的最基本的标准，肯干则是一种态度。一个职位，一般情况下都有很多的人能够胜任，都具有干好这份工作的基本能力，然而，最终谁能把工作做得更好一些，就要看谁具有踏实肯干、苦于钻研的工作态度了。

我在新疆唐人文化公司时，公司大楼的位置正处于一个风口，这里的风和别处的不同：这里上午刮西南风，但几个小时过去，下午又开始刮东北风。刮风的时候，大风会从各处带来很多垃圾，一片片地堆积在公司门口，满眼看去，尽是些纸片、塑料袋，看起来非常不雅观。

有一次午间休息，我看到垃圾堆在那像小山似的，大家都熟视无睹有说有笑从垃圾旁边走过去，竟然没有人正视一下。主管总务的副总看到我的神情有些不对，便对我解释说："唐总，是这样的，这个地方只要刮风就会聚集垃圾，而下午的风又会把垃圾刮走，我们就没有打扫。"我告诉他说："清除这些垃圾只是举手之劳的事情，为什么大家都不愿意去做？清除全地球上的垃圾我们无能为力，但是清除我们自己一亩三分地上的垃圾不难，虽然下午的风可以带走这些垃圾，倘若我们现在清除了它，这个地球上是不是就少了一些垃圾？如果每个人都这样做，地球还会遭受那么严重的污染吗？我们美丽的家园还会被垃圾包围吗？举手之劳的事情何乐而不为呢！"

后来，每当有风吹来垃圾时，大家都会及时地打扫干净，公司门口再也没有看见垃圾满天飞的景象，公司的环境又变得令人心旷神怡了。

清除垃圾是一件很简单的事情，不需要你的"能干"，而是需要你的"肯干"。可是，又有多少人能意识到这点呢？

在市场经济飞速发展，人才竞争日益激烈的今天，能干只是企业聘用你的最低标准，企业更需要的是肯干的员工。仅靠手脚做事，完成上级要检查的任务，那么你只能成为最普通的合格员工；靠头脑做事，完成上级所期待的任务，那么你会成为一名优秀员工，获得被老板关注的机会；但是要想成为企业里最受关注的对象，成为一名卓越员工，你就要用心做事，去完成那些让上级感动的任务。

日本最成功的企业家之一松下幸之助说：“我小时候，在学徒的七年当中，在老板的教导之下，不得不勤勉从事学艺，也不知不觉地养成了勤勉的习性，所以在他人视为辛苦困难的工作，我自己却不觉得辛苦，甚至有人认为‘太辛苦了’的工作，在我看来，只不过是认真工作而已，所以我与他的看法，自然就有差异了。我青年时代，始终一贯地被教导要勤勉努力，此乃人生之一大原则。事实上，在这个社会里，对有勤勉努力习性的人，不太被人称赞，也不会认为他很有价值。因此，我认为大家应该无所顾忌地提升对具有这种良好习性者的评价，这样才算真正对勤勉习性的价值有所认识。”

很多人的成功都是靠肯干干出来的。如果能干是工作的资格证，那么肯干就是工作的通行证。

20世纪70年代初美国麦当劳总公司看好台湾市场。正式进军台湾之前，他们需要在当地先培训一批高级干部，于是进行公开的招考甄选。由于要求的标准颇高，许多初出茅庐的青年企业家都未能通过。

经过多轮筛选，一位名叫韩定国的某公司经理脱颖而出。最后一轮面试前，麦当劳的总裁和韩定国夫妇谈了三次，并且问了他一个出人意料的问题：“如果我们要你先去洗厕所，你会愿意吗？”韩定国还未及开口，一旁的韩太太便随意答道：“我们家的厕所一向都是由他洗的。”总裁大喜，免去了最后的面试，当场拍板录用了韩定国。

后来，韩定国才知道，麦当劳训练员工的第一堂课就是从洗厕所开始的，因为服务业的基本理论是“非以役人，乃役于人”，只有先从卑微的工作开始做起，才有可能了解“以家为尊”的道理。韩定国后来之所以能成为知名的企业家，就是因为他一开始就愿意干别人不愿干的事情。

世界上没有随随便便的成功，任何声称轻轻松松就能成功的宣传都是一种欺骗。“成功”之“功”字可拆分为“工力”，即有“做工出力”的含义。一个人如果不能干一件事情，是让人遗憾的；一个人如果具有干好事情的能力，却不肯努力，那就是让人鄙视的。

要知道，在掌握了一定的能力之后，不骄不躁、踏实肯干，才能在平凡的岗位上有更大的作为。一个员工想要成长，“能干”固然是其中一方面，但仍需要“肯干”，只有肯干才能保证你在工作中披荆斩棘、畅通无阻。

平时工作中的问题就是自己最好的成长机会

作为员工，你能发现工作中的问题，不仅能给公司带来一定利润，而且体现了你积极主动的工作态度。一个在工作中能保持主动的员工，对工作一定是充满热情的，相比较那些推一下才挪一步的员工，他们自然更容易得到加薪晋升的机会。

当我们上学的时候，如果从来没有问过老师问题，那么就会被认为不是成绩优秀的学生。因为没有问题，说明我们读书没有动脑筋思考，只是被动地接受老师灌输的知识。同样的道理，在职场上，如果一个员工从来没有发现过工作中的问题，那么他也不会成为一名出类拔萃的员工，因为他不动脑筋，只是在机械地工作。

工作中的问题是什么？是你进步的机会。你进步了，当然就能获得晋升。如果你能发现一些别人发现不了的问题，那你就能从众人中脱颖而出。

世界上生产的第一台电扇是黑色的，以后的电扇也都沿袭了这一惯例。1952年，由于受经济动荡的影响，日本的东芝电器公司积压了大量的黑色电风扇销售不出去。于是，公司从高层领导到最基层的员工都开始绞尽脑汁想办法，但收效甚微。

有一个员工考虑这个问题甚至到了废寝忘食的地步。一天下班回家的时候，他看到街道上有很多小孩拿着五颜六色的小风车在玩，突然想到：为何不把风扇的颜色改变一下呢？这样既能让年轻人和小孩喜欢，也能让中老年人觉得彩色的电扇富有美感。

于是，他急忙跑回公司向总经理说出了自己的想法，经理听了之后非常重视，特地召开会议仔细研究了这个问题。第二年夏天，东芝公司隆重推出了一系列彩色电风扇，立即引起了抢购热潮，短时间内就卖出了几十万台，公司很快摆脱了困境。而这位员工不但因此获得公司2%的股份，同时也成了公司里最受大家欢迎的员工。

对于平时在工作中出现的问题，那些有心人会比一般人更早、更易发现。如果一个人从来不觉得工作中有什么问题，那一定不是因为他的能力已经达到某种水平，而是因为他缺乏自动自发的工作态度。于是，就有很多员工遇事推诿，躲避责任，不求有功，但求无过。在他们的眼里，只要能保住饭碗就行了，从不考虑过多。即便有什么问题，那也是老板的事，与自己无关。这样的员工，终究要被淘汰，即使不被淘汰也注定碌碌无为。

一个人在职业生涯成长的过程中，培养并提高解决问题的能力是十分重要的。对每一个员工来说，可以解决的问题越多，完成的任务越大、越难，他在公司里的地位越稳固。因此，当遇到问题时，不妨把它看作是一次机会，训练自己快速解决问题的能力。

在企业里，总有一些员工，他们习惯于用放大镜看自己公司的缺点，用望远镜看别的公司的优点。当工作遇到问题的时候，他们不是束手无策，就是沮丧消极。他们从没想过：公司的问题是他们转变命运的机会，更是他们提升能力的大好机会。

有一部分年轻人总期望激情满怀地在社会上大干一场，却没有想到领导分配给自己的工作不过是每天做一些整理文件之类的琐事。于是他们就开始愤愤不平，觉得领导不重视，觉得工作没意思，觉得公司有问题，于是敷衍了事或者干脆跳槽。也许你会说：

“我从事的工作根本就没有什么价值，小学生都会做，没有什么问题啊！”事实真的如此吗？不，即便是平凡枯燥的工作也存在问题，只要你足够用心，也能发现问题。

加藤信三是日本狮王牙刷公司的普通职员。当时公司正陷入困境，产品一直打不开市场，作为市场部的员工，加藤信三也非常着急。一天早上，他用本公司生产的牙刷刷牙时，牙龈被刷出血来。他气得将牙刷扔在马桶里，满腹怨气地冲出门去。牙龈被刷出血的情况，已经发生过许多次了，并非每次都怪他不小心，而是牙刷本身的质量存在问题。真不知道技术部的人每天都在干什么！

他来到公司，准备向技术部发一通牢骚。忽然，他想起管理培训课上学到的一条训诫：“当你有不满情绪时，要认识到正有新的天地等待你去开发。”他冷静下来，心想：难道技术部的人不想解决这个问题吗？一定是暂时找不到解决办法。这也许是一次发挥自己能力的好机会！于是他掉头就走，打消了去技术部发牢骚的念头。

那天之后，加藤信三和几位同事一起研究牙龈出血的问题。他们提出了改变牙刷造型、质地、排列方式等多种方案，结果都不理想。一天，加藤信三将牙刷放在显微镜下观察，发现毛的顶端都呈锐利的直角。这是机器切割造成的，无疑是导致牙龈出血的根本原因。

于是加藤信三向领导建议：公司应该把牙刷毛顶端改成圆形。改进后的狮王牌牙刷在市场上一枝独秀。作为公司的功臣，加藤信三从普通职员晋升为课长。十几年后，他成了这家公司的董事长。

有位职业经理人说：“机会是不平等的。”的确，机会从不青睐没有准备好的人！不要抱怨没有机会。如果你真想获得机会，先问问自己所在的公司是否存在尚未解决的问题。如果有，恭喜你，你的机会来了，抓住它！如果可以把问题当作机会，那你离成为一名不拒绝成长的员工也就不远了。

让自己成为“全频道”、“多功能”的人才

社会对人才的需求正在发生变化，技术的实用性、应用性、时代性、可持续性和文化多元性等特性已经渐渐地被企业关注。在这种趋势之下，那些只掌握单一专业的人，发展空间将越来越小。如果你想成为一个不拒绝成长的员工，想要不断保持自己的竞争力，就要补充外语、计算机、管理等方面的专业知识，使自己成为不仅懂技术，还懂语言、懂文化、懂标准、懂规范的复合型人才。

“21世纪最缺的是什么？人才！”而“21世纪什么最贵？还是人才！”

《天下无贼》里的贼头黎叔这样说。贼都需要有技术，而企业更是需要有技术、有专业知识的人才，才能适应市场的发展和经济的进步。具有一项专业技能，并在另外领域有特长的复合型人才是市场上最缺乏而企业又求之若渴的人才类型。各行业、各地区对复合型人才的需求非常强烈，企业更加偏爱复合型人才。

复合型人才就是多功能人才，其特点是多才多艺，能在很多领域大显身手。当今社会的重大特征是学科交叉、知识融合、技术集成。不仅要求我们在专业技能方面有突出的经验，还要具备较高的相关技能。比如随着IT技术完全融入银行、保险、证券之中，通晓

金融、IT两大领域的金融业人才就是复合型人才，而这类人才将在未来几年内十分抢手。

我平时在给企业做培训时，特别喜欢将社会发展所需的人才与其相对的知识结构分为以下几种类型。

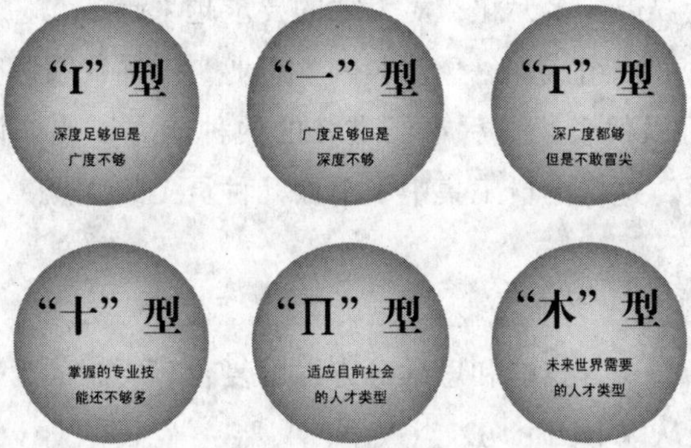

一、“I”型

这种员工只有专业技能，但知识面很窄，深度够但广度不够。就如同在原始社会，男人掌握狩猎或女人掌握织布就可生存一样，到了现在社会已经过时。

二、“一”型

这种员工能力很全面，是一个杂家，博采众家之长，但缺乏深入地研究和创新。也就是说，宽度很广，专业能力却不强。这就是社会上出现大学的必要性。

三、“T”型

这种员工不但有一门专业技能，还有较宽广的知识面，在做专业性工作时能有比较深入的研究。但是，他们的缺点是不能冒尖，没有创新。

四、“十”型

这种员工既有较宽的知识面，又在某一点上有较深入的研究，他们适应能力强，敢于出头、冒尖，有很强的创新精神，但是掌握的技能还不够多。

五、“Π”型

这种员工有较宽广的知识面，具有两门或以上的专业技能，他们能同时做好多种专业性工作，在目前市场经济中有较强的适应性。

六、“木”型

未来世界倡导多元化，对人才的要求越来越多元。“木”由一竖一横一撇一捺组成。一竖代表大学专业，一横代表综合素质，一撇和一捺可以代表毕业后自己进修的两种能力，比如计算机和英语。我觉得，这样的员工集中了前面几种员工的优点，是真正的复合型人才。

复合型人才之所以吃香，就在于“复合”二字。所谓“复合”，是指知识、技能和思维等方面的复合。要想成为一个复合型人才，需要从以下四个切入点人手：

一、知识嫁接

知识嫁接不是简单的知识“拼盘”，而是将各类知识进行融合，相互补充、相互依存，自觉渗透、交叉，促进交叉知识、边缘知识在头脑中生化、成长。可以跨专业、跨地域学习，接受不同学校、不同地域、不同专业的学习，打破人为的专业“藩篱”，让知识自由流动。

二、学好外语

我们与外国朋友的交往日趋频繁，必须会外语，既要会“读”，又要会“说”会“写”。不仅要掌握一门外语，如果学有余力，还要掌握第二外语、第三外语。因为我们的对外开放是全方位的，是面向世界所有国家的。

三、熟练电脑

专业人才向复合型人才转化，不仅要能够熟练地操作计算机，还要结合专业和工作，学会编程和设计，进行上网学习和交流，了解本专业和相关专业的前沿状况及发展趋势，利用因特网交友和进行大型工程的协同作战。计算机已成为复合人才必不可少的技能。

四、思维转换

大力进行发散型思维训练。面对同一个问题，要想方设法从不同角度去思考，得出多种不同的结果，拓宽思路。面对不同领域的知识，要善于用发散型思维方式去思考，并将思考结果加以比较，找出异同点，将知识信息加以对流、连接。

艺多不压身，多一门技艺，就是给自己多开一扇方便之门，不但有活路，而且有金路。

人才是多类型的、多层次的。适用即人才，有用即人才。对此，那些在职场打拼的人，如果能够正视自己，调整自己，多学习和掌握一门技能，使自己成为“全频道”、“多功能”人才，更能适应和满足未来社会及企业的需求，职场的竞争力就更大，成为一名优秀员工的机会也就更大。

成功不会从天降，勤奋是最简单的成长途径

在这个人才辈出的时代，要想使自己脱颖而出，你就必须付出比以往任何时代、比周围所有的人都更多的勤奋和努力，拥有积极进取、奋发向上的精神，否则你只能由平凡走向平庸，最后变成一个毫无价值和没有出路的人。

美国著名的《时代周刊》总编在开始时一个星期只能挣到可怜的6美元的《论坛报》的责编费，可是他为什么后来能够取得这么大的成就呢?

我们可以从他日记中的几句话里找到原因："为了获得成功的机会，我必须比其他人更扎实地工作。当我的伙伴们在剧院时，我必须在房间里；当他们在熟睡时，我必须在学习。"他坚持平均每天工作13至14个小时，正是这种足够努力的精神使他获得了成功。

已故台湾前首富王永庆一次应台北大学邀请作演讲，一名大学生这样请教王永庆："您能告诉我，在您一生成功的路程中，到底是勤奋重要还是运气重要？"王永庆答："年轻人，我可以负责地告诉你，我用一生的勤奋就是为了证明我的运气比别人好！"

无数事实证明了这样一个真理：成功来自勤奋，勤奋是职业化员工成长必不可少的优良品质。勤能补拙，勤能使自己不断地超越自我。长时间坚持勤奋工作，会使我们养成一种主动工作的习惯，

同时也会给自己带来许许多多的学习机会，不断磨炼自己的办事能力，并在潜移默化中提升自我素质。在人才竞争日益激烈的职场中，唯有依靠勤奋，认真对待自己的工作，在工作中不断进取，才可能成功。

约翰是一家建筑公司的总经理，以前他只是该公司的一名送水工，但是他可不像其他的送水工那样把水桶搬进来之后就没事了，或者躲在角落里抽烟干别的。他在给每一位工人的水壶倒满水并在工人休息时缠着他们讲解有关建筑的各项工作，而且他还利用空余时间学习建筑知识。很快，这个勤奋好问的人引起了建筑队长的注意。

一个月后，约翰当上了计时员，他更加努力、勤勤恳恳地工作，他总是早上第一个来，晚上最后一个离开。由于他对所有建筑工作程序都非常熟悉，当建筑队长不在时，他还能负责安排工人们的工作，日积月累，他对建筑行业已经了如指掌，还常常拟计划、画草图，为公司创新方案，公司负责人看到他如此勤奋敬业，就决定让他做自己的助理。如今已是总经理的约翰依然对工作一丝不苟、专心致志，他知道建筑行业随着人们生活水平的提高应该更加注重居住的条件，所以更应该为适应人们的需要而不断地创新建筑模式。

其实，约翰先生根本没有很高的学历，也谈不上多么出色的才华，他只是一名普通的送水工，但是正是凭着自己的勤奋和努力，在职场中获得了成功。

著名的推销商比尔·波特在刚刚从事推销业时，屡受挫折，但他硬是一家一家地走下去，终于找到了第一个买家，成了一名走街串巷的英雄。如今的他，成了怀特金斯公司的招牌。比尔·波特说："决定你在生活中要做的事情，要看到积极的一面，没有实现它之前要永远地勤奋下去。"

比尔出生时因为难产导致大脑患上了神经系统瘫痪，这种紊乱严重影响了比尔说话、行走和对肢体的控制。州福利机关也将他定为"不适于被雇用的人"，专家们则说他永远不能工作。

可是，比尔在妈妈的鼓励下，开始从事推销员的工作。他从来没有将自己看作是"残疾人"。开始时找了好几家公司都被拒绝，但比尔坚持下来，发誓一定要找到工作，最后怀特金斯公司勉为其难地接受了他。

比尔第一次上门推销，反复犹豫了4次，才最终鼓足勇气摁响了门铃。开门的人对比尔推销的产品并不感兴趣。接着第二家，第三家……比尔的生活习惯让他始终把注意力放在寻求更强大的生存技巧上，所以即使顾客对产品不感兴趣，他也不会灰心丧气，而是一遍一遍地继续去敲开其他人的家门，直到找到对产品感兴趣的顾客。

38年来，连系鞋带、扣衬衫扣子都要别人帮忙的比尔，每天几乎重复着同样的路线，去从事推销工作。不论刮风还是下雨，他都背着沉重的样品包，四处奔波，那只没用的右胳膊则蜷缩在身体后面。最初的3个月，比尔敲遍了这个地区的所有家门。当他做成每一笔交易时，还是顾客帮助他填写的定单，因为比尔的手几乎拿不住笔。

出门14个小时后，比尔会筋疲力尽地回到家中，此时关节疼痛，而且偏头痛还会时常折磨着他，但是他一点也不后悔。

每隔几个星期，他就打印出定货顾客的清单。由于只有一个手指能用，这项简单的工作要用去他10个小时的时间。深夜，他通常将闹钟定在4点45分，以便早点起床开始第二天的工作。

一年年过去，比尔所负责地区的家门一次次地被他敲开，他的销售额也随之渐渐地增加了。最终在第24个年头，在他上百万次敲开一扇又一扇的门之后，他成了怀特金斯公司在西部地区销售额最高的推销员，同时也是推销技巧最好的推销员。

怀特金斯公司对比尔的勇气和杰出的业绩进行了表彰，他第一个得到了公司主席颁发的杰出贡献奖。

在颁奖仪式上，怀特金斯公司的总经理告诉他的雇员们："比尔的成功告诉我们：一个有目标的人，只要全身心地投入到追求目标的努力中，勤奋地工作，那么工作中就没有什么事情是不可能做到的。"

比尔的勤奋感动了许多人，我相信连他自己也会为之感动。在工作中，我们往往以为自己很努力了，其实还不够努力，所以我们没有成功。看看约翰和比尔，我们扪心自问一下，我们有他们那样努力吗？

请记住：成功不会从天降，全靠我们自己去创造。天道酬勤，只有勤奋才会使我们获得想要的一切。如果你觉得自己很努力和勤奋了，那么就问问你自己："我是否勤奋到感动了别人甚至是感动了自己呢？"

机会是自己给自己的，没人能妨碍你的上升

不要老是抱怨没有好的机会降临在你身上，不要老想着会有兔子撞到你面前，不要总是想着苹果砸在你头上。成功的机会无处不在，关键在于你是否能紧紧地抓住。

有的员工总是抱怨说，牛顿怎么就那么幸运，他被那个苹果砸中之后就出了名，成了世界上著名的科学家；而自己从未遇到那样的苹果，因而只成了一个平凡得不能再平凡的人。

其实，上帝给每个人的苹果都是一样的，苹果的神奇与否，在于拿着它的人。不善于抓住机会的人，给他的苹果再多也是枉然；善于抓住机会的人，给他一个苹果就足够了。当上帝赐予你一颗“机会”之果时，别不在意，别以为上帝在捉弄你，机会一般都是悄悄来临或者以一种“试探”的面孔到来的。

聪明的员工能从一件小事中得到大启示，有所感悟并化为成功的机会。而愚笨的员工即使机会放在他面前也不知，就如同阳光、空气时刻弥漫在我们周围，可是还是有人说黑暗、说难以呼吸一样。

我有一个朋友不满意自己的工作，有一次愤愤地对我说："在这个公司里，没有人欣赏我。老板一点儿都不把我放在眼里，改天老子就跟他拍桌子，然后走人！"

我问他："你对这家文化公司完全弄清楚了吗？把他们做畅销书的窍门完全搞通了没有？"

我朋友摇了摇头，不解地望着我。

我给他建议："我觉得你应该先把怎么策划选题、怎么加工组稿、怎么写封面文案、怎么设计版式、怎么做媒体推广，甚至怎么起书名、列标题以及跟作者的沟通技巧等完全整明白了再走，甚至连怎么修理复印机的小故障都学会，然后再辞职不干。"看着我朋友一脸迷惑的神情，我接着解释道："这家文化公司其实还是不错的，是一个免费学习和培训的地方，你把什么东西都搞懂了之后再一走了之，既可以出气，又有收获，何乐不为？"

朋友听从了我的建议，从此便默学偷记，甚至下班之后，还留在办公室研究这家公司做畅销书的方法和模式。

几个月之后，我在聚会上碰到那位朋友，就问："你现在大概都学会了，可以走人了吧？"

"呵呵，我是学会不少了，可是我发现这两个月来，老板不再刁难我，而是事事找我商量。我现在终于明白，之前不是老板有意刁难，而是我自己不够努力。现在，老板对我好像比以前重视了，还给我涨工资，并让我负责运作一本重点书，我现在已经成为公司的红人了!"

"哈哈，其实这我早就料到了!"我笑着说，"当初你的老板刁难你，是因为你能力还不够，而你又不肯努力学习。在你痛下苦功努力学习以后，工作能力不断提高了，当然会令他对你刮目相看了。"

很多员工都有过我这位朋友之前的想法，认为老板总是刁难自己，却从来不在自己身上查找原因。由于这种心态在作怪，他们总是很难真正地投入到工作中，更不可能取得很好的成绩。不要总是认为老板在刁难你，认为整个世界都在与你为敌，擦亮眼睛看看自己做得是不是真的已经很优秀了，看看身边的人是不是比自己更努力、更勤奋。仔细地考虑一下自己是不是还有需要提高的地方，对老板刁难的问题认真地思考，争取提出有建设性的意见和建议。为自己树立一个目标，并持之以恒地向着目标前进，而不要每天纠结老板是不是在刁难自己，这样做对你的前途会更有好处。

正如你需要呼吸空气一样，你需要机会才能成功。你必须利用机会。成功并不取决于机会，而是取决于你自己。重要的并不是你在哪一个阶段遇见机会，而是面对机会你是如何把握的。你有没有分析过，自己是属于等待机会、发现机会、还是创造机会的人呢?

其实，机遇什么时候都没有错过你，关键在于你有没有抓住机遇的能力。

流传甚广的奥尔·布尔的一件轶事能够更好地说明这个道理。

这位杰出的小提琴家，多年以来一直坚持不懈地练习拉琴。通过不断的练习，他的技艺早已成熟到后来他出名时的那个程度了，但是他始终还是默默无闻，不为大众所知。

不过，他的机会迟早会到来。

一次，当这个来自挪威的年轻乐手正在演奏的时候，著名女歌手玛丽·布朗恰巧从窗外经过。奥尔·布尔的演奏使她如醉如痴，她从来没有想到小提琴能够演奏出如此优美动人的音乐，她赶紧询问了这个不知名乐手的姓名。随后不久，在一次影响力极大的演出中，由于她突然与剧场经理发生了分歧，不得不临时取消了自己的节目。在安排什么人到前台去救场时，她想到了奥尔·布尔。面对聚集起来的大批观众，奥尔·布尔演奏了一个多小时，就是这一个多小时，使奥尔·布尔登上了世界音乐殿堂的巅峰。对于奥尔·布尔而言，那一个小时便是机遇，只不过，他早已为此做好了准备。

当机遇来临的时候，你已经做好了把握住它的准备。对于那些懒惰者来说，再好的机遇，也是一文不值；对于那些没有做好准备的人来说，再大的机遇，也只会彰显他的无能和丑陋，使他变得荒唐可笑。当一个人“撞上”了一个好职位的时候，你有没有想过，那是因为他已经为得到那份工作做了多年的准备。

每一天，都要尽心尽力地工作，每一件小事情，都要力争高效地完成。尝试着超越自己，努力做一些份外的事情，不是为了看到老板的笑脸，而是为了自身的不断进步。即使是在同一个公司或同一个职位上，机遇没有光临，但在你为机会的来临而时时准备的行动中，你的能力已经得到了扩展和加强，实际上，你已经为未来某一个时间创造出了另一个机遇。

爱默生说：“一心朝自己目标前行的人，整个世界都会给他让路。”同样，我们一心朝着我们的目标努力，又有谁能妨碍我们的上升呢？

发现你的优势，不断朝自己的更高层次迈进

要在工作上取得好的成绩，最好的办法就是充分发挥自己的优势，让优势成为你强势的依靠。只有充分发挥优势，才能把工作做到最好。

员工要实现个人价值最大化的关键在于首先了解自己的优势和劣势，清晰自己的职业定位，对自己的核心竞争力有科学的认识，对自己的劣势能够充分解剖。目标就是通过阶段性自我职业分析，找到自己的软肋和竞争潜力，然后采取措施提升竞争力，这些是实现个人价值最大化的前提，否则所有的技巧都将成为空中楼阁，让我们的所有努力都化为泡影。

曾经有一家国外的专业机构做过一项调查：先是激励人们塑造自身优势，之后让他们在“塑造优势”与“修正不足”两者间做出选择，此时，仅有41%的美国人选择“塑造优势”作为成功的关键。该调查还表明，与美国相比，其他国家选择“塑造优势”的比例更低。比如，在英国和加拿大，仅有38%的人相信优势会促进自身的成功；而在日本和中国，这一比例跌至24%。

我刚看完《读者》2010年的第14期，里面的一篇文章让我印象深刻。

二战时期，盟军统帅艾森豪威尔指挥了历史上规模最大的诺曼底登陆战役，奠定了盟军胜利的基础。随后，又将德军驱逐出法、比、荷，并直捣德国腹地。第三帝国陆、海、空各部全部投降，成了笼中困兽的希特勒只好“引火自焚”，从而结束了第二次世界大战。

从战史中得知，任何战争，两国以上的联军是最难统帅的，艾森豪威尔能把多国的庞大武装力量合为一体，协调行动，共同战斗，足见其统帅能力非常人能及。随后，艾森豪威尔又以压倒性的胜利，击败声望极高的政坛老手史蒂文森，出任美国总统，成为最受美国人民爱戴的总统之一。

其实，风光无限的艾森豪威尔还有一段很少有人提到的历史。大战结束后，经过血雨腥风洗礼后的艾森豪威尔曾一度出任哥伦比亚大学校长，时间还不短。可是，这位在战争中叱咤风云的英雄却在文人墨客云集之地毫无建树，唯一可圈可点的竟只是在校园内的草坪上，为懒于绕远路的学生开辟了一条便道。

人生的诀窍就是看你有没有站在你应该站的位置上。

在你所在职位上，你要想提高自己的竞争力，成就自己，你就必须明确这个职位需要什么，你自己能做什么，你的优势是什么，否则你就难以发挥所长。

如果置自己的优势不顾，认为自己能为所有的人干所有的事，那你在公司里一定找不准自己的位置，也就不可能真正体现你的价值。假如你要做一名合格优秀的财务人员，这就是你在公司里的定位，在这个位置上，你不仅要处理好人际关系，熟悉更多公司方方面面的业务情况，最重要的是你必须全心全意认真对待你的专业技能，因为这才是你在公司里的价值体现，是你在公司里安身立命的根本。

对任何一个大公司来说，一个货真价实的财务专家，远比一个拿着诸如计算机等级考试证书、驾驶员执照等多个证书的普通财务人员更重要。找到了你的最佳位置，就等于你的才华有了施展的舞台，英雄有了用武之地。

一个人不可能面面俱到，每个人都有各自的优点和缺点，需要认真对待的是要确定自己的长处。只有找准了自己的最佳位置，才能最大限度地发挥自己的潜力，调动自己身上一切可以调动的积极因素，并把自己的优势发挥得淋漓尽致，从而获得成功。你需要成为的是你自己，别人能成为什么，那是别人的事。

每个员工都希望自己的个人价值不断得到实现，谁也不会希望自己的身价廉价到可以像过剩产品一样被倒掉，那么就要认真分析目前所面临的情况，如果现有的职位已经没有更高的发展平台，限制了自己的优势发挥，那么跳槽、另选工作就是急需考虑的事情。但并不是跳槽才可以增值，一个职业人有多少职业价值不是非要拿到市场上去才能够得到衡量和体现的，如果能在原公司进一步获得发展机会，那么如何横向积累经验，纵向建立核心竞争力就是我们能否最终实现个人价值最大化的关键。总之，无论跳槽与否，你始终都要牢记的是：你需要选择的是能够发挥你优势的职位，因为只有这样，你的职业价值才是得到更好的体现和发挥，你的职业理想才能更快地实现。

1990年2月，中央电视台《正大综艺》节目在全国范围内招聘主持人。杨澜以其自然清新的风格、镇定大方的台风及出众的才气脱颖而出。进入央视后，杨澜感觉到，这次的选择是非常正确的，做传媒是她喜欢的事情，这彻底改变了她未来的人生道路。靠着自身的实力与魅力，杨澜获得了“十佳”电视节目主持人、“金话筒奖”等。四年央视主持人的职业生涯，不仅开阔了杨澜的眼界，更确立了她未来的发展方向：做一名真正的传媒人。

从央视的名主持到远涉重洋的学子，再到凤凰卫视的名牌主持，最后到阳光卫视的当家人，杨澜的角色在不断变化。以一位文化经营商的身份出现在公众的视野里，则是杨澜人生中最重要的一次角色转换。

从加盟凤凰卫视到创立“阳光文化”公司，大众视野中的杨澜不断地改变自己的角色设置。但是，千变万化的杨澜，从没有偏离做媒体这个大方向，她清楚地知道，这是自己的优势，她的目标就是不断向这个方向上的更高层次迈进，无论如何变化，她始终把自己定位为“传媒人”。

杨澜的每一次选择都包含着对自己、对未来的清醒把握和预测。“一个人要想成功，一个最重要的基础，就是先要明白自己到底要干什么，成功的意义应该是由自己确定的……”这些话闪烁着杨澜的智慧，并决定了她的成功。

在工作中，员工只有不断地超越自我，不断地朝自己优势的更高层次迈进，才能最大化地发挥出自己的能力。每个人都有自己独特的禀性和天赋，每个人都有自己独特的实现人生价值的切入点。只要你在工作中按照自己的禀赋发展自己，避开自己的不足，不断地发扬或者加强自己的优势，你就不会湮没在他人的光辉里，你将释放出你自己的独特光芒。

仅有专业化不够，职业化才能让人难以超越

一旦正式走入工作岗位，你就成为了职场中的一员。不管你的专业知识多么扎实，要想适应职场环境，并在职场中有所作为，就必须努力将自己由专业化向职业化方向转变，不断提高自己的职业化程度，使自己的职业化之树早日开花结果。

在竞争日趋激烈的今天，一个高度职业化的企业才能在商场占据一席之地，员工职业化是否成熟对企业意义重大，企业的竞争已经演变为员工职业化素质高低的较量。企业急需的是拥有高度职业化精神和素质的员工。事业的成功并不取决于你学的是什么专业，而是取决于你的职业综合素质。

在一场体育竞技中，业余运动员与职业运动员同场比拼，结果不言自明。因此，对员工来说，自身的职业化程度直接影响着其职业之路的发展。

那么，什么才是职业化呢？职业化就是一种工作状态的标准化、制度化、规范化，是在适当的地点、适当的时间，用适当的方式办适当的事。使员工在知识、技能、观念、态度、思维、心理上符合标准和规范。

职业化的作用体现在，工作价值等于个人能力和职业化程度的

乘积，即：工作价值=个人能力×职业化的程度。职业化程度与工作价值成正比。如果一个人有100分的能力，而职业化的程度只有50%，那么其工作价值显然只发挥了一半。

我刚刚参加工作的时候，因为当时所在的公司不大而且成立也没多久，几乎什么活儿都干了，再加上是“科班”出身，于是我有一段时间觉得自己非常的“专业”，也认为自己在这个公司里的地位“不可替代”。于是，渐渐地，我那颗年少轻狂而且热烈地追求成功的心就开始浮躁与急躁起来，做工作就没有像以前那样关注细节和追求完美了。

当然，这一切都被我的老板看在眼里。

有一天，他把我叫进他的办公室。等我坐定后，他拿起桌上的一份资料让我看。我接过来一瞧，是一份关于公司的经销商销售能力等级的量化分析，里面有各种各样的表格与数据，令人眼花缭乱。我一头雾水，摇着头说看不懂。这时候，老板开口了，他讲述了这个分析的意义在哪、怎么看、怎么得出数据、怎么采取行动……我是听得一会比一会惊讶：原来，我还有这么多东西都不懂呢！

末了，我的老板对我说了这样一段话：“在每个行业里，都会拥有着很多出色的人才，他们之所以能存在，是因为比别人更努力、更智慧、更成熟。但是，最重要的是，他们比一般人更加职业化！这就是为什么我现在能当你老板的原因。一个人仅仅专业化是不够的，只有职业化的人才能飞在别人的头顶，让人难以超越！”

“一个人仅仅专业化是不够的！”

“职业化了才能让人难以超越！”

就是这一记当头棒喝，让我对于工作的重新认识与职业再次规划得到了彻底的开窍。

如果把整个职业化比喻为一棵树，那么，职业化理念就是树根，职业化精神就是树皮，职业化心态就是树干，职业化技能就是树枝，职业化形象就是树叶，职业化素养就是果实。

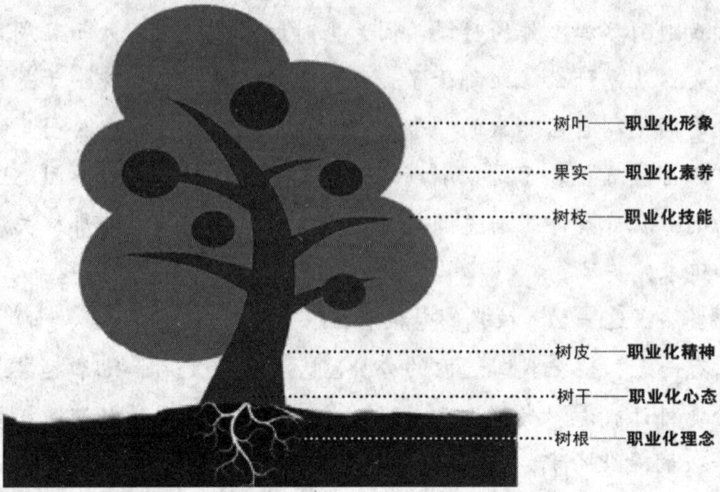

树根代表职业化理念

一个人的职业化发展和种子出生的道理一样，受当时气候、环境、地理等诸多因素的影响，如不及时移植、改变环境，就会决定它一生的兴衰。树根被埋在泥土里，整天默默无闻地吸收地下的水分和养料，树才能长得茂盛。职业化理念就是如此，它作为一种深层次的东西，支撑着职业化的发展。因此，必须得让自己的职业化理念根深蒂固、根基稳定。

树皮代表职业化精神

一棵大树想要茁壮成长，就必须得有树皮的保护。树的营养水分主要由树皮供应，树皮含水分最多，有了水分，大树才能丰茂繁绿。这就如同职业化精神，能给职业生涯的成长提供必要的水分。敬业精神、勤业精神、立业精神、精业精神、创业精神……这些水分，使得职业化之树直指苍穹。

树干代表职业化心态

职业成败就好像树一样，早期容易移植、修整。心态对，树干就长得正、长得直；心态错，树干就长得歪、长得弯。越早确定正确的心态，职业化之树越能及早修正。一旦被错误的心态引导并发现得晚了，想要再去修整、移植的话就很难了。

树枝代表职业化技能

一个人在职业成长过程中不断学习一些技能，也许会犯错，但这是在成长。这就像树要生树枝，不长出树枝，就难以往高处长。树总是要长出一些无用的树枝来，不见得所有的树枝一长出来就能结果。也许有些技能不一定能马上用得上，但总有一天会给你带来惊喜。

树叶代表职业化形象

有的人的职业形象很好，这就如同绿叶翠绿可人或红叶点缀金秋。就好比是绿叶和红叶把大自然装扮得如此多娇一样，具备良好形象的人也同样会让职场五彩缤纷。有的人职业形象很失败，这就如同秋风扫落叶一般，无人问津。另外，“一叶落而知天下秋”，这蕴涵着一层意思：从一片落叶可以推知秋已降临，从形象细节上可以看出一个人的职业化程度。

果实代表职业化素养

一个职业化了的员工，总是能具备一些良好的职业道德：诚实、正直、守信、忠诚、公平、关心他人、尊重他人、追求卓越、承担责任。这些是最基本的职业化素养，也是职业化之树结出来的果实。想要硕果累累，就要在职业化进程的每一步上精心浇灌与细心培育。

可以说，职业化这棵树，越早栽种，就能越早收获到丰硕的成果，收获到宜人的绿荫。

一个人是否职业化，不仅关系到自己个人职业生涯能否更好地发展，而且事关在职场竞争中个人品牌和核心价值的有无。一个人的职业生涯之路其实是长达几十年的，要想让自己过得不平凡，手段、手腕、方式、方法当然有很多，但是最关键的就是：让自己职业化起来。

当然，职业化是一个逐渐自我认识的过程。相信绝大部分人也是一步步走过来并不断醒悟与总结，最终实现自己从“专业化”到“职业化”的飞跃的。如果你现在还没让自己职业化，不用担心，从现在开始，相信职业化将为你自身的成长创造更大的机会和空间。

第六章　加速成长，借助他人力量

与智者同行，你会不同凡响；与高人为伍，你能登上巅峰。善于发现别人的优点，并把它转化成自己的长处，你就会成为聪明人；善于把握彼此的缘分，把它转化成自己的机遇，你就会成为优秀者。学最好的别人，做最好的自己，此乃成长之道。

自力更生是励志，借助他人也未必丢脸

古之“借风腾云”、“借名钓利”、“借力打力”，无不是讲究一个“借”字，讲究借助外部力量而求得发展。但凡成就大事的人，都不是孤军奋战者，他们知道个人的能力再强也是微弱的，“好汉也要三个帮”。

一个人在事业上要想获得成功，除了靠自己的努力奋斗之外，有时还需要借助他人的力量，平步青云、扶摇直上取得事业的成功。能够自力更生当然好，这是一种励志的表现，但是借助他人却也未必丢脸，毕竟个人的力量是有限的。一个不懂得或不善于利用他人力量的员工，光靠自己的孤军奋战、单打独斗，是很难成为职场的长青树的，在现代企业里也很难成就大事。

借助他人是聪明人常用的一种成事之道。利用对方的优势来弥补自己的不足，至少可以弥补自己的才智、人力之不足。聪明的员工往往善于从他人身上吸取智慧的营养补充自己。借用别人的智慧助己成功，是必不可少的成事之道。

读过《圣经》的人都知道，摩西算是世界上最早的教导者之一。他懂得一个道理：一个人只要得到其他人的帮助，就可以做成更多的事情。

当摩西带领以色列子孙前往上帝许诺给他们的领地时，他的岳父杰塞罗发现摩西实在工作过度，如果他一直这样下去的话，人们很快就会吃苦头了。于是杰塞罗想法帮助摩西解决了问题。他告诉摩西将这群人分成几组，每组1000人，然后再将每组分成10个小组，每组100人，再将100人分成2组，每组各50人。最后，再将50人分成5组，每组各10人。然后，杰塞罗又教导摩西，要他让每组选出1位首领，而且这位首领必须负责解决本组成员所遇到的任何问题。摩西接受了建议，并吩咐那些负责1000人的首领，分别找到知己胜任的伙伴。

台湾巨富陈永泰说得好："聪明人都是通过别人的力量，去达成自己的目标。"

钢铁大王安德鲁·卡内基曾经亲自预先写好自己的墓志铭："长眠于此地的人懂得在他的事业过程中起用比他自己更优秀的人。"

一个人是唱不了大合唱的，必须借助他人而成事。借人成事是至关重要的，你若忽略这一点，便只能演独角戏。一个人的实力不强大不要紧，只要他善于借助他人，照样能干成一番大事业。

理查德·西尔斯原先是一个代客运送货物的小商人。后来他开了家杂货店，专做邮购业务，即顾客通过邮件订货，他通过邮寄的方式发货。由于资本太少，只能提供有限的几种商品，他做了五年，生意仍无起色，每年只能做三四万美元的业务。他想，必须与人合作，借助他人的力量，才能把生意做大。

说来凑巧，当他萌发出合作的念头后，不久就遇到了一个理想的合伙人。那是一个月色皎洁的晚上，西尔斯到郊外散步，突然远处传来了马蹄声。不一会儿，一个骑马赶夜路的人来到西尔斯跟前，向他问路。此人名叫罗拜克，想到圣·保罗去买东西，不料途中迷了路，此时已是人困马乏。

西尔斯将罗拜克请到他的小店中住宿。当晚，两人谈得很投机，遂决定合伙做生意，并成立一家以他们两人的名字命名的公司，即西尔斯·罗拜克公司。西尔斯有五年经验，罗拜克实力雄厚。两人联手，可谓相得益彰。合作第1年，公司的营业额达到40万美元，比西尔斯单干时增长了10倍。

西尔斯和罗拜克都不懂经营管理，做点小生意还能凑合，生意大了就招架不住，两人都有了力不从心的感觉。他们决定寻找一个总经理，代替他们进行管理。

他们费心搜寻人才，终于找到了一个合格的总经理人选。此人名叫陆华德，在经营管理方面很有一套。他们把公司大权全部授予陆华德，自己则退居幕后。

陆华德接受任命后，果然不负重托，兢兢业业地为公司效劳。他发现，做邮购业务与传统生意不同，一旦顾客对购买的商品不满意，调换很困难。如果不解决这个问题，很多顾客就会放弃邮购这种方式，公司的发展将受到很大阻碍。为此，陆华德严把进货质量关，决不让劣质品混进公司的仓库，以保证卖给顾客的每一件商品都“货真价实”。

陆华德刻意追求质量的经营策略，使西尔斯·罗拜克公司因此声誉日隆，10年之中，它的营业额增长了600多倍，高达数亿美元。

西尔斯能够在短短十几年间，从一个微不足道的小商人，变成一个全美国知名的大富豪，得益于他善于借助他人的力量。

借助他人的力量，有时候还需要借助一些有权力的人或一些知名度较高的人的力量，像著名的学者、专家等。因为这些权威人物往往有一定的威慑力量，他们的判断能力、鉴别能力是被社会公认的。他们同意的事情一般人相信是正确的，不会产生怀疑。你可以请他们参与你想做的事情，这些都是你借助别人力量成就事业、解决困难的好办法。但需要说的是，有很多人觉得难为情而不愿意求人，总觉得这样做有失面子，好像是贬低了自己的办事能力一样。其实，大可不必有此想法，即使是像拿破仑这样的大人物也是需要别人帮他架起成功桥梁的，更何况我们只是一个平平常常的人呢？

善于利用人际关系，抓住机遇、借助他人的力量，寻求新的发展契机已经成为现代社会的必然趋势。借助他人的力量，你将成长得更快，更容易成功。

大道理如果是正确的，为何不虚心接受

孔子云：“择其善者而从之，其不善者而改之。”忠言逆耳利于行，工作中你可能会遇到各种情况，也会听到各种言论、大道理。如果这些大道理是对的，我们为什么不听一听呢？从善如流，将是你职场生涯中不可或缺的一门必修课。

站在前人的肩膀上，我们可以看得更远。伟大的科学家牛顿曾说，他的很多科学成就都是在前人的基础上完成的。你或许很清楚事倍功半和事半功倍的道理，作为一名员工，你可能埋怨，你很努力却没有受到升迁加薪的机遇，其实在很多时候，也不是你不够努力，而是你没有掌握好完成工作的方法。一语惊醒梦中人，也许，正确的大道理就是这“一语惊人”。

一个人的智慧是有限的，只有不断地从别人的见解中吸取合理、有益的成分，弥补自己的不足，才能减少失误，取得成绩。善于倾听别人的意见，听取合理的大道理是每一个有志者必须具备的品格。汉代王符在《潜夫论·明暗》中便说：“君之所以名者，兼听也；其所以暗者，偏信也。”所谓“兼听”，即多方面地听取；其“明者”，就是明辨。古语告诉我们：听取合理的道理，多方面的意见就能明辨是非，正确地认识事物；单听信一方面的话，就会糊涂，犯片面性的错误。究其原因，就在于世界上的事物错综复杂，人们受自身知识、经历、观念、涵养等因素的局限，难免在见解上有所缺失；如果把多种意见集中起来，进行综合、比较、鉴别，从而去伪存真、舍其谬误、取其真诠，自然就更公正合理。

历史上，齐威王善于倾听邹忌的大道理和合理建议，以至于“燕赵韩魏闻之，皆朝于齐”；唐太宗善于采纳魏征的谏言，始有“贞观之治”；假若刘邦不听萧何的荐举，韩信不得拜将，何以有汉家邦国？如果赵奢不听许历的建议，何以能在领兵救韩中挫败秦军夜袭的阴谋而大败秦兵？

封建帝王将相尚且有许多人懂得“兼听”的重要，何况在今天，职场竞争如此激烈，你更需要听听别人的见解，更需要善于倾听其他人的意见。

听取别人的大道理，我们还要注意防止因人废言的恶习，不要因为别人的地位卑微抑或文化程度等不如自己便听不进去。古语说得好：“智者千虑，必有一失；愚者千虑，必有一得。”高山自有高山的巍峨，细石自有其独到的玲珑，相得益彰，互补方能全美。

陈景润还是一位普通中学教师的时候，便对著名数学家华罗庚的学术论文《堆叠素数论》中的错误，提出纠正意见，华罗庚闻之喜甚，在北京一个学术会议上，当众宣读原信，且建议大会邀请陈景润参加学术会议。可见即使学富五车的专家也难免有失误的时候；纵然是名不见经传的后生，也可能有正于耆宿。故而江海不辞涓滴，高山不拒细石。多听取别人的意见，你将获益匪浅，无论道德还是学问。

在实际的工作中，你也许会对周围同事的意见和建议不屑一顾，认为别人没有资格对你指手划脚。其实不然，在工作中，我们要学会如何分辨正确合理的大道理和说教式的大道理。古人尚且虚心纳下，我们为什么不能在工作中认真听取好的道理呢？通往成功的那层窗户纸很薄也很厚，就看你会不会将它捅破。每个人都有做不好事情的时候，也会有考虑不到的地方，你可能处在事情之中不能看到问题所在，但是周围人的正确的大道理能帮你指出明路，能让你把事情做得十全十美，这就是所谓的“当局者迷，旁观者清”。

仔细倾听别人的大道理和意见，尝试一下，会有不同的收获，如果真的可以有事半功倍的效果，那不是收获很大吗？也许你有时虽然口里答应，但还是按自己想法去做，固执己见。“听人劝吃饱饭”，简简单单的一句话，却是多么实在的一句话。

工作中凡不乐于接受别人意见的人往往屡遭失败，而那些虚心的、能善于听取别人意见的人，往往会成为更为出色的人。因此在工作和生活中，请你一定要善于接受别人的意见，在你钻进牛角尖、不知所措的时候，要记得这句话，仔细想一想，认真试一试，这样才能做最好的自己！

况且，在工作中，并不是周围的每个人都愿把大道理讲给你听的。一个积极进取的人，会积极寻找大道理，以免自己在工作中犯下本可以避免的错误。既然有人愿意帮助你少走弯路，你为何不虚心接受？大道理如果是正确的，你为何不听？

善于合作，通过团队的力量推动自己前进

正如一首歌中唱的："一根筷子易折断，十双筷子牢牢抱成团；一个巴掌拍不响，万人鼓掌声震天。"善于与他人协商与合作的人能够弥补自己身上的不足，从而借助团队力量达到自己原本达不到的高度。

杰克·韦尔奇说："在一个公司或一个办公室里，几乎没有一件工作是个人能独立完成的。大多数人只是在高度分工中担任部分工作，只有依靠部门中全体员工的互相合作，互补不足，工作才能顺利进行，才能成就一番事业。"

团队造就个人，个人成就团队。一个优秀的团队，把各种人才聚合在一起。大家会在工作中对别人进行了解，在沟通中能发现别人的许多优点，同时也能发现自己的不足。通过取长补短，虚心向周围的人学习，可以改变自己以前不好的工作习惯，使自己变得更加优秀。

世界是由各种各样的人组成的，就像彩虹是由七种颜色组成的一样。一个人只有学会与不同的人相处，才能适应未来的社会。孤芳自赏的人常常会有孤掌难鸣的苦恼。纵观社会上的成功人士可以发现，真正取得竞争优势的人首先是一个善于合作的人，完全靠单枪匹马而稳操胜券的人并不是经常出现的，因为我们处在一个专业分工精细而又合作共处的时代。

我们每天都要做许许多多的事，但是一个人的能力是有限的，这就需要不断地寻求帮助，提高自身的效率，达到事半功倍的效果。因此，合作是成功的快捷方式，只有懂得合作的人，才是真正成功的人。

几年前，有一家世界知名的公司要招聘4个部门主管，世界各地的优秀人才蜂拥而至，通过几轮全面而细致的考试，终于有16个人凭借渊博的学识和出色的能力闯过重重难关，进入了最后的面试阶段，这一轮的面试由该公司的总裁亲自主持。

总裁让助理把考试过程中需要的资料分别发到了每位面试者手中，然后他郑重地说："祝贺你们来到这里，我也很高兴见到你们，能够来到这里就足以说明你们都是某个领域、某一专业的优秀人才。我希望你们都能够留下来，但可惜的是，你们当中只有4个人能够留下来，因为现在只有4个空缺职位，因此今天我们不得不淘汰其中的12位。如果你们当中有人能在今天突围出去，那么他明天就会成为我的同事。"

总裁看了看面前跃跃欲试的16位人才，接着说道："我不再浪费大家的宝贵时间了，现在我开始宣布这次考试的题目——请大家拿好各自手中的材料，这次考试就是要每个人根据现有的材料完成一份策划案，当然你们可以运用所有能用到的方法。另外，你们要分成4组，每组4人，具体是谁和谁一组，你们自由组合。下面大家开始选择自己的合作伙伴。"

两分钟后，这16位面试者已经自由组合成了4个小组。总裁又说："从左往右排，这4个小组分别称为A组、B组、C组、D组。现在，大家可以开始着手自己的策划案了。30分钟以后我再来。"说完，总裁离开了房间。

30分钟以后，总裁助理按照划分的小组分别把每个人的策划案送到了总裁手里，总裁仔细看了大家的策划案，然后大声宣布：

“D组的四位成员正是我们需要的人才。”

“为什么是他们而不是我们？请问您选择他们的理由是什么？”总裁的话音刚落，其他12位面试者就提出了疑问。

这时总裁说：“这正是我接下来要说的话，因为你们每个人手里的材料都是不全面的，而且每个人的材料都不一样，只有D组的四位成员互相研究了别人的材料，所以他们每个人做出的策划案都比较全面。更可贵的是，他们还结合所有成员的意见，取长补短，制作了一份非常完美的小组策划案。而其他三组的成员都只顾着自己手中的任务，既不向其他成员借阅材料，也不把自己手中的材料借给别人，所以做出的策划案都十分片面。”

接着，总裁又说：“我们公司需要的是具有协作精神的优秀人才，因此，尽管其他人也很优秀，甚至在某些方面比D组的四名成员还要优秀，但是公司的发展仅靠某一个人的优秀是远远不够的。”

成功的生存，仅靠自己的力量是不够的，任何人的力量都是有限的，但当他依靠着一个团体时，他的力量会变得异常巨大。

也许你能力卓越，但是不屑于和其他人一起成长，仅靠你个人的能力，公司这辆大车也不能前行一步，因为个人的能力再出色，对于公司的发展来说都是杯水车薪。只有与同事一起成长，才能共同推动公司的进步，从而成就自己。

英国作家萧伯纳说过：“两个人各自拿着一个苹果，互相交换，每人仍然只有一个苹果；两个人各自拥有一个思想，互相交换，每个人就拥有两个思想。”一个人可以凭着自己的能力取得一定成就，但是若能把个人的能力与别人的能力结合起来，则会取得更大的成功。

比尔·盖茨是微软集团的创始人，但是，很多人都不知道，比尔·盖茨所取得的成就并不是他一个人创造的。其中，现任微软总裁史蒂夫·鲍尔默对比尔·盖茨的事业的发展可以说是起到决定性作用的人物。

微软在成立初期，曾经一度陷入重重危机。比尔·盖茨虽然是计算机技术方面的天才，但在管理方面却有些欠缺。比尔·盖茨也十分清楚地认识到这一点，在学校期间，他就是一个沉默内向的人，参加的绝大多数交际活动都是好友鲍尔默极力鼓励的。

史蒂夫·鲍尔默也是哈佛大学的高材生，反应敏捷、判断准确、知识面广、善于把握商机，是一个天生的管家，很早就开始了商业实践。

鲍尔默在高中时，就担任了小篮球队的经理人。当时的教练给了鲍尔默很高的评价，并且称赞鲍尔默是他当时见过的最好的经理人。球队需要用的球和毛巾从不会乱放，总是放在它们应该放的地方，在那时候他就是团队精神的典范，因而，整个队伍一直保持着良好的状态。

于是，比尔·盖茨决定去找鲍尔默。1980年，比尔·盖茨在他的游艇上以5万美元的年薪说服了当时就读于斯坦福大学商学院的鲍尔默加入微软，这两位性格迥异的好友通力合作，书写了一个创造财富的神话。

一滴水要想不干涸的唯一办法就是融入大海，一个员工要想生存的唯一选择就是融入企业，而要想在工作中快速成长，就必须依靠团队，依靠集体力量来提升自己。

在荷兰，有一句这样的格言：“靠一根手指，连一个小石子也拾不起来。”合作会增强力量，分裂会削弱力量。如果你想要获得工作的效果，那么从现在开始就积极融入团队，与同事通力合作，共同努力完成任务吧！团队合作，是员工具有良好团队精神的重要特征，是工作的有力保障，是个人成功的基石。

化折腾为力量，骨干员工都是折腾出来的

想成功，就必须能折腾自己，并能经得起折腾。孟子说："天将降大任于斯人也，必先苦其心志，劳其筋骨，饿其体肤，空乏其身，行拂乱其所为，所以动心忍性，曾益其所不能。"说的就是这个道理。敢折腾才有机会，经折腾才能成长，善折腾才会成功。

折腾是什么？汉语词典里"折腾"有三种基本解释，即翻来覆去、反复做和折磨。所谓折腾，就是没事找事，无事生非；就是朝令夕改，忽左忽右，就是重复做一些无意义、无关联、不必要的事情。

而在现代职场中，折腾又有了新的定义。折腾，首先要有一种主动做事的精神。自己应该主动地做好本职工作，立足本职，立足自身岗位，立足现有条件，把自己的事做好。第二，不要仅局限于、满足于、放任于每天的一般性的工作，职场竞争十分激烈，不进则退。第三，折腾自己、充实生活、丰富人生。没有经历太多折腾的人生不是精彩的人生。

我们要善于折腾，懂得化折腾为力量，成功蕴含在"自我折腾"中，企业的骨干就是折腾出来的。在大家都是当一天和尚敲一天钟的时候，那些骨干力量不断在充电，不断在"折腾自己"，最后他们走上了管理层，而其他人却仍在原地踏步，这就是折腾与不

折腾所带来的两种截然不同的结果。

很多员工害怕折腾，抵制折腾，心浮气躁，一折腾起事情来满腹怨言，好像全世界都对不起他似的。这种员工的结局几乎是一致的：在岗位上碌碌无为、平平淡淡，把自己套在自己设置的笼子里，每天都在抱怨和不满中生存。

相信大部分员工都希望自己能成为职场上的骨干、成为一名管理者，但仅有梦想是不能成为骨干的，就像并不是所有怀着将军梦的士兵都能成为将军一样。职业成长的人生道路犹如爬楼梯，是个不断向上的递进过程。如果没有到达楼顶，无论站在哪层台阶上，都不能说已经成功。骨干要想不断攀登职业的阶梯，还需要经受来自组织、环境以及自我的不断磨炼。

在美国NBA职业篮球队中，我们最熟悉的就是篮球飞人——乔丹。乔丹之把以能够获得如此的成绩，是因其教练的一句话，正是因为这句话改变了他的一生。当时，乔丹还是个不太知名的普通球员。在取得一场比赛胜利后，乔丹和同伴们沾沾自喜地畅说胜利的过程，而教练却未露出过多的笑容。他把乔丹叫到一旁，并没有像乔丹想象中的那样夸他，反而对乔丹进行了很严厉的批评。其中一句话使乔丹永铭于心："你是一个优秀的队员，可是今天的比赛场上，你发挥得极差，完全没有突破，你离我想象中的乔丹还差很远。你要想在美国篮球队一鸣惊人，必须时刻记住——要学会折腾自己，你不能安于现状，你要学会自我淘汰，淘汰自我满足的你，否则你就不会有寻求完善的心……"乔丹谨记教练的这句话，在不懈的努力下，他的球技得到了迅速提高，终于进了芝加哥公牛队。后来成为全美国乃至全世界家喻户晓的"飞人乔丹"。

乔丹的成功，正是因为他听从教练的话，不断地严格要求自己，反复地折腾自己，快速地淘汰自己，从而不断地淘汰自身的不完美，走向辉煌。

在成功的时候进行自我反省、自我淘汰、自我磨砺，这在很多人看来都是折腾自己，但就是这样的折腾，这样被认为自我折磨的折腾恰恰让乔丹的篮球技艺得到不断的提升，让他一次又一次地取得成功。

在很多人看来，要成就一番事业，应该有高起点、高平台，如果岗位一般、环境不佳，很难有什么大成就。其实，平凡的岗位上也可以取得卓著的成绩，卑微的事物中也能够孕育出不凡的作为。工作中的高低之分，并不在于工作本身，也不在于起点，而是在于每个人是否对自己的工作尽心尽力，也就是你够不够“折腾自己”。

“折腾”是种磨炼，敢折腾才会有机会。机会是留给有胆识、敢折腾的人的。抓住机遇需要有胆识，但没有“胆”是不可能有“识”的。在激烈的职场竞争中，永远保持一种冲动，保持一种激情，从不畏惧，从不胆怯，“狭路相逢勇者胜”，敢于刺刀见红，敢于“亮剑”，这些是职业成功的必备条件。要把折腾化为一种力量，合理的要求是锻炼，无理的要求是磨炼。

要想成长，就要经受得住来自公司、社会以及环境反复不断的磨炼和折腾。正如同一块好钢，需要千锤百炼才能成为有用之材一样，在职业生涯中，我们要能够承受来自方方面面的压力，扛得住各种心理和生理方面的折磨，艰难困苦，玉汝于成。就像唐僧取经，历经九九八十一难，最终修成正果。能经受得住折腾也是有激情的表现。人才只有经受领导、公司反复不断地磨炼，才能成为公司的可用之才。

任何人的成长和成功都必须依靠企业这个平台，作为企业中的员工，成为企业所依赖的人才，成为支撑企业的骨干，是我们取得职业成功的前提，也是实现个人价值的起点。所以我们要善于折腾，要化折腾为力量，在折腾中让自己成长为骨干，创造属于自己的成功！

前辈走过的路，你可以走；前辈跳过的楼，你不要再跳

成功的人生道路可以有千万种选择，在通往成功彼岸的旅途中，你会遇到很多十字路口，你会犹豫，你会彷徨。因为你需要选择一条捷径，否则，你会走很多弯路。在我们的职场生涯中也是这样，如果选择了一条弯路，我们的前方将会是一片荆棘。

“前辈走过的路，你可以走；前辈跳过的楼，你不要再跳！”这是我在公司一次员工大会上对一些新来的员工做过一次演讲时提到的一句话。

在现实生活中，我们往往是踏着前人的足迹前进，有的人生一帆风顺，有的人生则是坎坷崎岖。这就取决于我们选择的脚印是通往何方。前辈走过的路，你可以走，因为这是他们用自己的汗水和付出开辟的道路，是他们最有价值也是最宝贵的经验。每家公司都有很多“老人”，他们当中的一部分人甚至在自己的工作岗位中摸索了一辈子，他们所积攒的工作、人生经验，值得我们去认真学习。

赛继远是一名刚毕业的大学生，经过层层面试、考核，终于如愿以偿地得到了在一家图书公司工作的机会。公司安排他到销售部

门做一名普通的销售员。销售员的工作非常辛苦，每天起得很早，下班却很晚。工作的辛苦让赛继远感到了厌倦，最让赛继远没有工作激情的是工资不高，虽然从事着让不少同学羡慕的文化产业，但他的工作性质决定了工资。同在销售部门工作的周老师已经做销售很多年了，赛继远看周老师每天不亦乐乎地工作，就不由得问他，为什么自己工作时没有什么动力。周老师告诉他，做销售就是做耐心，如果你没有耐心，就很难打动客户，说服客户购买你的商品。经过周老师醍醐灌顶的指导，赛继远很高兴，采纳了周老师的建议，决定用心工作，用耐心打动客户。功夫不负有心人，赛继远的销售业绩直线上升，工作起来也很有激情。别人问他时，他总是开玩笑地说，我是站在前人的肩膀上，所以看得更远、做得更好。

在工作的时候，很多人会有赛继远这样的困惑，尤其是一些职场新人，对工作的激情和工作价值往往因为得不到领导和同事的认可或好评而失去了工作的热情和信心。其实，当你仔细回过头来，看一看周围的同事，尤其是职场的前辈，你也许会从他们的身上找到答案。

走前辈走过的路只是一种手段，模仿的目的不是趋同，而是创新甚至颠覆。就像一个网站只有具备核心竞争力，才能赢得点击率，而要具备核心竞争力，就要“内容为王”，就要推陈出新。像百度、千橡、腾讯，在互联网业都算是领跑企业了，他们有技术团队，他们有资金支持，但是在他们依然会去模仿，会不断地学习他人优秀的经验，沿着前辈们走过的路继续向前，因为只有这样才能少走弯路。

如果你还不够强大，在工作时，还经常遇到这样或那样的问题，我们当然可以通过自己已学的知识去模仿别人，在模仿中成长，在学习中前进，继而把自己的所学融入到自己的工作中。当我们最终也成为别人模仿的对象的时候，对我们而言又何尝不是一种成功呢?

百度的主题推广模仿Google Adsense，成为了国内最大的广告联盟；百度的“老年搜索”模仿了Google的“Chrome扩展帮助残疾人享受互联网功能”，为中国老年人提供了一个更好的上网开端；百度的“有啊”和“百付宝”模仿了阿里巴巴集团的“淘宝”和“支付宝”；另外还有Google出了“地图”后，百度也随之推出“百度地图”，Google推出“桌面搜索”，百度就出“百度硬盘搜索”，Google出“Google工具栏”，百度也出“百度工具栏”，Google推出“新闻快讯订阅”，百度也出“邮件新闻订阅”，Google推出“Google Answers”，百度也出“百度知道”……诚然百度的技术是很牛的，诚然百度在自己的产品中做了一些百度式的风格修改，不过多多少少有点模仿的味道，但是这阻碍百度的发展了吗?

当然，每一枚硬币都有两面。有好的经验，当然也有血的教训，我们在面对时要保持警惕，“前辈跳过的楼，你不要再跳”。在实际的工作中，并不是一切的东西都是美好的，有些人往往因为一时的麻痹大意而误入歧途，影响了自己的前途。因此，不要别人说好的东西，就不加考虑地跟进，前面也许是陷阱，前辈跳过的楼，你千万不要再跳。

范妍在一家会计事务所已经工作3年多了，她所从事的工作就是核算，帮助企业做年度报表等。因为经常有机会和一些企业接触，很容易地就掌握了一些便利的资源，经常在一些电视媒体上看到一些同行因为经济原因受到制裁，使她一直很警醒，工作时总是兢兢业业，不敢有丝毫的懈怠。但是时间一长，加上看到身边的朋友个个腰缠万贯，不禁感到有些不公平，因而铤而走险，做了几次黑账，大赚了一把。后来，公司检查使她的事情败露，不仅被事务所开除，而且也被公安机关依法逮捕，受到了应有的处罚。

很多人有时候明知前面是悬崖，却仍然义无反顾地跳了下去。在血的教训面前，很多人置若罔闻，一个人在这摔倒了，两个人在这摔倒了……在工作的时候，你也许也会面临这样的问题，明明知道不可为，却仍要试一试。就像前面提到的例子，告诫我们不要在前辈跳过楼的地方，再跳下去。

职场的人生好比一场登山比赛，每个人都有一条最优路线到达山顶。实际上，有很多人甚至坚持不到终点，只有极少数人能一览众山小。一座山有很多人攀登，可以说是前有古人后有来者，很多成功的经验我们可以去借鉴，很多教训我们可以去反思。在工作中，你能做的就是找到那条最优路线并且高效率地完成工作。

客户的批评可以改进工作，客户的指责是你成长的动力

客户的批评价值千金，客户对企业的产品和服务提出意见，应该看成是对企业的关心，是对企业的一种好意，同时，也正是企业改正错误的良好时机。从客户的指责中，我们可以更好地汲取失败的教训，将它转化为成长的动力。

有一句话说得好："赢得客户，也便赢得市场；成就现在，就是成就未来。"对于企业而言，最关心的应该是如何解决客户的问题。如果没有客户，企业靠什么发展？客户是企业得以发展和壮大的资源。

"嫌货才是买货人。"对你的产品感兴趣的人，才有可能去问更多的问题，千万别把客户的批评和"嫌货问题"当作是麻烦。在企业发展的过程中，企业不断地发展就会有问题不断地涌现。如果企业风平浪静、顺顺利利，这只能说明企业是在停滞不前或发展还不成熟，从而企业也就失去了发展的机会。

联想集团在成立之初，只是为一些国外的企业代理或加工一些电脑的配件。由于其人才、技术的限制，企业的工作效率低下，经常不能满足国外企业的需求，因而失去了许多客户。

在一次为国外著名厂商做显示器的时候，客户的要求非常严格，甚至有些强人所难。联想集团经过多次改进后，产品仍然不能达到客户的要求。当时，交货期限将至，客户发出最后通牒，到期交不了货将终止与联想的合作，并且要求联想依照合同承担相关经济责任。

为了维护客户利益和公司的利益，联想集团只能在柳传志的严格监督下，加班加点地改进不合格的地方。经过全体员工的集体努力，联想集团终于在规定的日期做到了让客户满意——这不但维护了企业的信誉，更主要的是加强了双方的合作，促使双方的业务往来越来越密切，同时也为联想的快速成长营造了更好的外部环境。

客户的批评和要求是一个棘手的问题，看似难以达到，但只要勇敢去面对，将客户的批评和苛刻的条件当成是前进的动力，让问题逼着自己成长，再大的问题也就不会成为问题。假如放弃或者在规定的时间内不能够完成目标任务，就会在激烈的市场竞争中失去信誉，失去合作的机会。

要让客户的批评和产品中出现的问题帮助企业获得发展，不但不能逃避这些问题，还要主动去寻找和发现市场上潜在的问题，并积极地解决这些问题。躲避问题就相当于躲避机会。对客户的批评和提出的问题置之不理、不认真对待，就可能会使企业因为这些问题而陷入重重危机之中。只有把问题找出来，努力把问题解决掉，才能让企业突破一个个发展的瓶颈，才能提高企业的产品质量和服务水平，才能寻找真正意义上的发展机会。

几年前，德力西公司从基层抽调了一批基础扎实、业务过硬的员工，经系统培训后，派往全国各物流中心从事售后服务。他们常年驻全国的各物流中心办事处，随时待命为客户服务。

售后服务员刘小立便是其中的一员，他从生产线调到售后服务岗位后的第一个工作日就碰到了一个棘手的情况。佛山一名顾客反映：使用公司一台DW17产品时出现电动不合闸现象。

初来乍到的刘小立立即从广州赶到了现场。经过仔细检查，刘小立发现该公司配电室内的温度远远超出电气的正常工作条件，导致断路器一通电就自动合闸，从而最终形成连锁反应：时间继电器、中间继电器散热不够，部分电气因高热烧坏，系统出现故障。

刘小立向在场的顾客说明了故障原因。“这是不可能的。”客户单位负责人根本不接受刘小立得出的结论。“这是我第一次处理客户投诉！我当时一听，头都懵了！心里很担心会因为自己的处置不当影响德力西的声誉。”回忆当时的感受，刘小立说。

静下心来后，刘小立再次仔细检查了产品。功夫不负有心人，解决问题的方法终于找到了。刘小立将电机的电源线串入辅助开关的常闭点。断路器一合闸，利用辅助开关的转换来切断中间继电器的电源，完全可以满足用户的特殊使用场合。经过验证后一切正常，用户脸上露出了微笑。事情处理完毕，顾客在填写现场服务单时，对刘小立的工作给予了很高的评价。

根据美国白宫消费者相关机构调查的资料显示，有68%的顾客不再上门的原因，是因为服务人员对顾客态度不佳所致，服务的重要性不言而喻。员工必须记住一点：一个顾客的批评和抱怨可以影响到一个顾客群，因为他的尖刻评价比广告宣传更具权威性。批评和抱怨直接妨害产品的销售，威胁着企业的形象和声誉，也阻碍着销售工作的深入与消费市场的拓展，企业员工对此千万不能掉以轻心。调查资料同时显示：如果将顾客的批评处理得好，则有70%的顾客仍会继续光临；若能在24小时之内尽快解决，会有95%的顾客再上门。

作为员工，必须搞好与客户的关系，自觉地为客户服务。要树立正确的经营、工作思想，具备良好的服务意识，了解顾客的需要，研究顾客的心理，认真听取顾客的意见，争取顾客的理解和支持。同时，员工必须注意，自己必须善于适应顾客，而不应要求顾客适应自己。顾客的批评价值千金，顾客对企业的产品和服务提出意见，应该看成是对企业的关心，是对企业的一种好意，同时，也正是企业改正错误的良好时机。为客户服务并不是在帮顾客的忙，而恰恰是在帮自己，客户如果给予这个服务机会，这不但是员工个人的成功，同时更是企业的成功。

客户的批评与指责比赚钱更重要。从客户的指责中，我们可以更好地汲取失败的教训，将它转化为成长的动力。

珍惜每一次与领导在一起的时间和机会

企业中总是员工多领导少，如果没有特殊的情况，领导对某个员工的印象很有可能只停留在浅薄的认识上，员工的其他方面，诸如个人能力、综合素质、道德品行、业务水平等方面到底水平如何，还是需要领导深入接触你时才能作进一步的了解。

如何才能在众多的员工中突显出来？如何才能让公司的领导对你的各方面有一个更深的了解？与领导在一起时就是一个很好的契机。所以，在职场上，一定要珍惜每一次与领导在一起的时间和机会。当你拥有了和领导在一起的时间和机会的话，你获得的不仅是领导对你的认识和考察。更重要的是，你可以和领导近距离接触，更好地学习领导处理问题的方式以及领导待人处事的态度。这样你在实际工作中就能找到更好的工作诀窍，工作起来才更有针对性和目的性，有效地避免了盲目性。

Eric是泰国某公司的员工，他到这家泰国公司工作已经五年多了，从一开始的文员到现在担任一些管理工作，有很多感慨，他告诫现在的职场朋友们，在公司工作的时候一定要珍惜和领导在一起的机会，因为一家公司的员工很多，领导不可能都有机会一一的去了解他的员工的一些情况，所以就需要员工珍惜每一次与领导在一起的机会。这样，你才能给领导留下一个深刻的印象。

Eric说："在泰国企业做事和在其他企业一样，敬业精神是最重要的。'有吃苦耐劳的精神，有强烈的进取心，对工作敬业且投入'这些都是公司在招聘人员时最看中的素质之一。刚来到这家公司的时候，我也只是个职位很低的小职员，学历不是很高，而且刚从学校里走出，还是个'不谙世事的小孩子'。我觉得自己找份工作不容易，就应该尽心尽力地为公司干活。我们公司没有加班的习惯，每天下班后，所有的人都回家了，但我的顶头上司却仍然留在办公室里，而且一直待到很晚。因此我也决定在下班后留在办公室里。当时没有人要求我这么做，但我认为应该有人留下来，必要时我的领导会需要我的。果然，我的上司经常需要人替他把某个文件找来，或做其他事情。而在这时，他总会发现我坐在自己的办公桌前，随时等待着他给我分派任务。那时我从没想过要得到额外的报酬，更没想过这样做会为我带来什么。但是我知道那样做一定会给我带来好处，一来我越来越熟悉公司的业务，更重要的是使我的上司养成了招呼我的习惯，并把越来越多的工作交给我。"

Eric能很快从一个职员升迁到公司的管理岗位，不得不说这和他珍惜每一次和领导在一起的时间有关，其他的员工在下班后就离开了公司，而Eric却留了下来，抓住了能和公司领导在一起的机会，在领导需要的时候，能够及时的出现，使领导也能够有机会对其进行考察。这就需要我们在职场工作的时候，当领导前来检查工作的时候，不要畏缩，要积极的和领导进行沟通，让领导对你有一个全面的认识。

珍惜每一次与领导在一起的时间和机会，并不是要你时时刻刻地出现在领导面前，更不是要你用一些小聪明来获得领导的注意，而是需要你在平时的工作中，不断地加强自身的修养，改掉一些不好的习惯。只有如此，当你和领导在一起的时候，你所留给领导的会是一个好的积极的印象，而不是在工作和做人方面是一个无原则、无组织、无纪律的员工。因为领导看中的不仅是员工和他在一起的时间长短，更重要的是员工的个人能力、素质、道德品行、为人处世的才干等多个方面的因素。

我认识一位资深HR汪女士，她从事人力资源行业将近十年了，她经常跟我交流一些优秀员工生存心得。有一次，她就提到了要珍惜和领导在一起的时间和机会，比如和领导一起出差，这既是一个考验，同时也是一个机会。

汪女士跟我讲了一个故事：他们公司的小鲍工作能力很强，平时表现得也很积极，但是在工作的时候很少有和公司领导在一起的机会，现在他因为前一阶段工作业绩较好，被列入了后备干部的名单，只需对他全面考察后，就要受到提拔。有一次，小鲍和领导坐火车到外地办事，在火车上，小鲍非常珍惜和领导的这次一起出差的机会，在路上常常向领导请教关于工作的一些情况以及关于本公司的发展前景等一些问题，领导非常高兴下属能够这么认真地对待工作。后来，领导在领导班子开会时提出了自己的看法：考核一个人，业绩、基本的道德品质和对工作的热爱都是影响今后工作状态的关键因素，就像小鲍这个人，不仅工作能力强而且工作态度也很积极，我们公司就是需要像这样的人才。很快，小鲍被提拔到了管理的工作岗位。

在工作中，我们也常常会遇到类似小鲍这样的例子，珍惜每一次与领导在一起的时间和机会，这就要求我们在平时工作的时候，认真对待工作，努力地提高自己，并且抓住每一次能和领导面对面的机会。这样当你和领导在一起的时候，你才能够充分地表现自己，才会给领导留下一个深刻的印象，并有机会获得领导的赏识。要知道，这样的时间和机会才是值得珍惜的。

作为企业的一名员工，要时刻做好做准备，一方面不断地加强自身素质和业务能力的提高，另一方面要加倍珍惜每一次和领导在一起工作的日子。这样，你的工作才能才有机会得到更大的发挥，你才有更多获得升职和加薪的机会。

吃饭就是吃话，在饭桌上你能学到什么

吃饭也是一门学问，在职场上，吃饭就是一门“吃话”的学问，它可以帮你学到一些在工作中学不到的东西。

我们公司有个惯例，就是会给当月生日的员工庆祝。一般都是公司所有人一起聚餐。每次一般都是领导层先发言，接着就是自由畅谈。现在的公司氛围很融洽，大家思维也很活跃。可是你知道吗，在一开始，很多员工都不太适应，因为他们都不大敢发言。

看到这样的情况，在一次聚餐上，我说了这样一番话：

其实，一个人吃饭最舒服的是在家里，两个人简单地两菜一汤，或者喝粥，或者让他/她给你下一碗面条，也许是清汤的也许是肉末的，不管什么，都会觉得那种感觉最舒服。可是我们为什么要举行这样的饭局呢？饭局的目的不是吃饭，而是沟通。不管是同事之间吃饭，同行之间吃饭，还是同学之间吃饭，其实真正的原因都是为了交流。我们在饭局上可以聊出创意、聊出商机、聊出成功。所以，点什么菜、吃什么菜不是最重要的，这些都是辅助的工具。如今，每个人时间都很宝贵，如果是为了吃一顿饭要用这么两三个小时的时间，那简直就是极大的浪费。那些聪明的员工往往能通过一顿饭给自己带来成长甚至成功。吃饭就是吃话，大家在饭局上当

然要吃饱喝好，但也要说话，表达你的思想，说出你的疑惑。也许大家觉得这样做很功利，但是功利又有什么呢？追功逐利没什么不好，急功近利才是要不得的。让每件事情都做得有意义，生命的质量就自然地高了。以后，大家吃饭时一定要“造句”，也就是说，敬人酒不能简单地说“我敬你一杯”就仰着脖子喝了，还要学会说祝福语，当着大家的面锻炼自己的口才……

也许，你觉得这只是我们公司的事情，实际上在大部分人的工作及生活中，经常会遇到各种各样的应酬，陪领导吃饭，陪业务人员吃饭，和同事一起吃饭……我们或多或少的会有这样的感受：饭桌上也是大有学问的。尤其是在外面吃饭，并不是简单的一个“吃”字可以讲得清楚。更多的时候，在饭桌上吃的是“话”，饭桌是与他人沟通信息、联络感情、交流思想、互通有无的一种平台。

我有一个老乡黄华清，他来北京已经七八年了，从事的是装饰行业。因为精于业务，善于结交人脉，业绩做得不错，成了公司里的业务主管。黄华清每天的工作除了待在办公室处理公务外，就是来往于一个接一个的应酬中，而且客户的规模也在逐渐壮大。他通过多年的工作经验，深知工厂存活的支柱是什么，在他的建议下，他们公司把设计师和工人当成家人一样看待，给设计师提成，给装修工人奖励，年终还会根据表现给分红，开个元旦联欢会什么的，大家一起热闹一下。

有一年的一次聚会，黄华清把几个设计师朋友带去了，黄华清在席间对几个设计师表示感谢：“因为有你们的辛勤努力，我们公司才会发展的这么顺利，只要你们跟着我们公司做，一定要让你们挣到自己该挣到的钱，其实挣钱很容易的，只要你有能力，而且踏踏实实的工作，很容易让你的付出和收获成正比的。”这时，一个做工程的朋友说手里有一个工程，现在想包出去，只是还没有最终下定决心，黄华清在谈话间，在和朋友的应酬中发现了这个商机，因为黄华清所在的公司从事这个行业多年，是这个行业的佼佼者，而且工程质量每次都做得不错，很受朋友们信赖。于是，黄华清他们公司接下了这个80万元的工程，为公司带来了巨大的效益。看来，在饭桌上，对信息的过滤和捕捉能力是非常重要的！

吃饭就是吃话，一条条信息就是这样被有心人发现的。黄华清的多年实战经验让他在饭桌上捕捉“话”的能力越来越强。在与他人的交流中，黄华清获得了商业信息，同样的，黄华清也通过这样的一顿饭加深了与同事、与同行朋友们之间的感情，一举两得，像这样获得的东西是我们在工作中很难学到的。在职场中驰骋，尤其是一些刚进入职场新人更是如此，要有在和领导、朋友一起吃饭、应酬的时候，善于找到有用的信息，要学会“吃话”。

上班族不论是商务餐会，还是公司的尾牙、春茗，或是红白喜事，谁都免不了要和上司或同事一起聚餐，有的人或许是天生的聚会宠儿，可也总有些人因不善言辞而一直埋头吃饭，若总是沉默不语，几次下来，恐怕就没人再找这样的人了。即使经常有和领导、同事、朋友吃饭的机会，但如果我们不能把握机会，学会在饭桌上与他人进行沟通，那么看似吃饭这么微不足道的一件事就有可能阻断我们同外界的联系。在很多时候，我们中很少有人会注意到这个问题，因为我们不知道，我们需要在饭桌上获得什么。所以，在工作时，在和公司领导，同事一起吃饭的时候，根本也不会考虑这些问题，或者说不知道该如何在饭桌上吃饭的同时还能吃到“话”。而现在一些有心的公司在招聘时，更将面试安排到了饭桌上。尤其是招聘公关人员和秘书的职位，以设置饭局来考察求职者的饭桌礼仪和调节饭桌上气氛的能力。

在职场上，我们应该懂得这个道理：饭桌上，吃饭就是吃话。

有时候，在工作中我们学不到的东西以及遇到的一些困扰就有可能因为饭桌上的一句话而豁然开朗，明白了我们究竟该如何解决工作中的难题，用什么样的心态来调整我们自己。在饭桌上，有很多东西我们可以学到，吃饭就是吃话。

第七章 员工成长，企业担当使命

企业中最重要的是员工，员工是企业成长的关键因素。如果在员工需要帮助时，企业能给员工一份关爱和支持，在紧要处推员工一下、拉员工一把，帮助员工成长，那么，相信员工也一定能够回报给企业超额的价值。

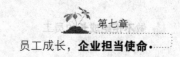

允许员工有成长的过程：从无德无才到有德有才

培养员工就像雕琢玉器一般，不能操之过急，只有慢慢发现员工身上的闪光点，并根据其潜力和特点进行培训和定岗，才能使其更好地发挥自身价值，达到与公司共同进步的目标。

企业能不能发展好，关键在于人。用什么样的人、怎样用人，对一个企业来说至关重要，甚至可以说直接关系到企业的生死成败。企业的用人观应该是："大材小用，等于没用；小材大用，个个有用；德高才轻，量才使用；德才兼备，坚决重用。"

作为公司的领导，要正确培养和提拔手下的员工。一个员工，既具有能动性的一面，同时也有惰性的一面。如果让员工身上有压力，逼迫其挖掘潜能、发挥作用，员工就会在压力中不断充实和提高自己。但是，领导需要注意的是，绝对不能揠苗助长。

王小欣大学毕业后很顺利地找到一份工作，对于没有太多工作经验的她来说，安稳地做文秘是一份挺不错的工作。工作没多久后，上司就提升她为经理助理，王小欣一开始是又兴奋又激动，觉得自己很快被晋升是上司对自己工作的认可。然而，在晋升的同时，工作量的增加及所要处理的事物越来越多，工作经验不成熟的王小欣很快就感觉到身心疲惫，导致错误百出，于是，上司的埋怨也逐渐增多起来，王小欣的助理职位岌岌可危。

由于上司的揠苗助长，导致了王小欣的漏洞百出，不仅职位不保，甚至可能连原来的工作也丢了，真可谓是得不偿失。因此，作为员工，要搞清楚自己的工作能力，对于升职后产生的种种因素做详细的评估，看看自己是否有能力承担这份重任；而作为领导，则需要对员工的能力有一个合理的分析和合适的定位，要对员工量才使用，也要允许员工有一个成长的过程，给璞玉一个雕琢的时间跨度。

对于一个企业而言，不可能把各方面德才兼备的优秀人才全部招聘进来，企业必须通过一段时间的工作来发现人、培养人。因此，作为公司的管理者，要善于发现人才，并给予引导、帮助和培养，使其不断总结经验教训，提高工作能力。其实，有些员工并不是“无才”，而是默默无闻、不善言谈与交际而已，他们往往被那些善于夸夸其谈、乐于标榜自己的人贬低，才被别人误认为他们“无德无才”。因此，领导不应被这种表面现象所迷惑，要善于看本质，看工作态度，看敬业精神，要善于挖掘“璞玉”。

领导需要区别对待不同类型的员工，让不同的员工有不同的成长途径，给予他们足够的成长空间。有些员工个人能力可能不被人称道，但他们品德高尚、为人正直。这样的员工有一股勤勤恳恳、兢兢业业的老黄牛精神，用好了照样能独当一面。领导要善于发现这样的人才，并给予引导、帮助和培养，使其不断总结经验教训，提高工作能力。古人说过：“与其用有才无德的人，不如用德高才轻的人。”对那些品行不端、到处惹事生非、时时刻刻为一己之私利而忙碌的人，领导要坚决辞之不用；对那些自身素质高、业务能力强的员工，要大胆提拔重用，做到人尽其才，才尽其用，避免造成人力资源的浪费。

同样，作为一名员工，要珍惜公司提供的“进步时间”，尽快地成为一名德才兼备的人才。因此，要学会充分利用业余时间，要学会自我管理。对于职场新人来说，在学校里学的理论知识永远无法替代实践的工作经验，刚走出校门的你要想利用自己的专业知识获得企业的青睐几乎是不太可能的。企业向你抛出橄榄枝的原因只是对你品质和修养的肯定，其次才是你的学识和专业。

很多人没有成长是因为没有学习进步；很多人成长得快，是因为他们把所有的业余时间都用在学习提高上了。很多企业中层、高层干部们都是把自己的时间安排得满满的，根本没有享乐的时间，就算和客户一起玩也是为了给自己增加人脉关系。因此，我们需要不断地督促自己成长，否则就会被淘汰。自古“德才兼备”者才被人尊崇，同样的，作为员工，也要将“有德有才”这个标准作为自己的奋斗目标。

年轻的洛克菲勒最初在石油公司工作时，既没有学历，又没有技术，但主管还是接纳了他。分配他去检查石油罐盖有没有自动焊接好。每天洛克菲勒看着焊接剂自动滴下，沿着罐盖转一圈，再看着焊接好的罐盖被传送带移走。半个月后，洛克菲勒对简单、枯燥的工作很不满意，他找到主管申请改换其他工种，主管并没有同意，反而告诉他一定要从小事做起，只要把自己的任务做好了，就能出成绩。无计可施的洛克菲勒只好重新回到焊接机旁，既然换不到更好的工作，那就把这个不好的工作做好再说。

主管叮嘱洛克菲勒要认真观察罐盖的焊接质量，并仔细研究焊接剂的滴速与滴量。在主管的引导下，他发现，当时每焊接好一个罐盖，焊接剂要滴落39滴，而经过周密计算，实际上只要38滴焊接剂就可以将罐盖完全焊接好。主管对他的想法给予了肯定和认同。

在主管的帮助和鼓励下，他经过反复测试、实验，最后洛克菲勒终于研制出“38滴型”焊接机，也就是说，用这种焊接机，每只罐盖比原先节约了一滴焊接剂。就这一滴焊接剂，一年下来却为公司节约出5亿美元的开支，帮助公司在当年石油市场取得了巨大收益。

每个领导都需要对员工保持足够的耐心。培养员工和人的成长一样，都是从小到大，一步步开始的。要知道，没有人能够一步登天的。那些眼高手低，好高骛远，自认为自己的能力很强，不能干那种琐碎的小事的人，最终会被这种想法所阻碍。作为领导，要耐心的对这些员工给予引导和纠正。培养员工需要一点一滴做起，如果缺少了这份积累和耕耘，培养“有德有才”的员工只能是一种空想。

企业要允许员工有一个成长的过程，让员工在工作中学习，在实践中提高。只有如此，才能使员工更快地成长为企业需要的“有德有才”的人才。

积极提供培训机会，实现员工能力和价值的增值

在企业外部环境日益纷繁复杂的今天，企业的发展能力更多地是取决于员工的素质。给员工提供更多的培训机会，不仅可以实现员工能力和价值的增值，还能激发员工的自豪感和责任感，从而提高企业的整体效益。

2010年4月，我接受了新华网的一次专访，当时我提到了这么一段话：

"每个人进入一家公司，肯定是带着梦想进来的。他们本来是有很好的激情的，但是不少企业招进人后，就让其自我成长，这个太残酷了。职场新人必须有人引导，才能走得更快更顺，对于企业来讲，好员工不是招进来的，而是培养起来的。要让一个人逐渐认可你的企业文化，熟悉你的工作流程，是需要几年时间的，这个一定要不断地进行培训。"

这绝对不是言过其实！企业在应对全球经济一体化竞争，面对信息技术、高新技术飞速发展和广泛应用的今天，知识的不断更新使培训显得尤为迫切。

企业为何要给员工提供培训机会？培训具有什么样的意义和价值？恐怕每个企业都有不同的答案和困惑。对于员工个人而言，培训的直接目的就是要发展员工的职业能力，使员工对工作目标有更

好的理解，使其更好地胜任现在的日常工作以及未来的工作任务。同时，培训可以使员工的工作能力提高，为其取得好的工作绩效提供了可能，也为员工提供了更多晋升和较高收入的机会。而对于企业来说，培训能提高企业的生产效率和服务水平，树立企业的良好形象，增强企业的盈利能力。

在给员工提供培训方面，宝洁公司做出了很好的范例。

宝洁的新员工加入公司后，就会接受短期的入职培训。其目的是让新员工了解公司的宗旨、企业文化、政策及公司各部门的职能和运作方式。

接下来还要进行技能和商业知识培训。公司内部有许多关于管理技能和商业知识的培训课程，如提高管理水平和沟通技巧、领导技能的培训等，它们结合员工个人发展的需要，帮助员工成为合格的人才。公司独创了“宝洁学院”，通过公司高层经理讲授课程，确保公司在全球范围内的管理人员参加学习，并了解他们所需要的管理策略和技术。

宝洁对于员工的专业技术培训非常重视。从新员工进入公司开始，公司便派一名经验丰富的经理悉心对其日常工作加以指导和培训。公司为每一位新员工制定个人培训和工作发展计划，由其上级经理定期与员工一起回顾，这一做法将在职培训与日常工作实践结合在一起，最终使新员工成为本部门和本领域的专家能手。

另外，宝洁公司还根据工作需要，选派各部门工作表现优秀的年轻管理人员到美国、英国、日本、新加坡、菲律宾和香港等地的宝洁分支机构进行培训和工作，使他们具有在不同国家和地区工作的经验，从而得到更全面的发展。

有人认为培训只是一种消费，这种观点是错误的。事实上，对企业而言，培训是对人力资源这一核心资源进行开发的投入。较之其他投入，这种投入更能给企业带来丰厚的回报，其效益是巨大的，且具有综合性、长远性。培训的内涵是对员工潜在能力的开发，而不仅是知识的补足和技能的训练。其目的是促进员工全面的、充分的发展，从而给企业带来无穷无尽的活力。国外的著名企业都很重视在员工培训上投资，因为这样的投资对员工是长期有效且持续回报的。

惠普的两位总裁大卫和比尔就非常重视员工的培训，他们相信通过培训的员工一定可以把工作做得更好。

科技发展的急速变化要求惠普对员工进行业务教育和培训，总公司所主办的教育计划侧重在特定的科技主题上，公司每年花费约2亿美元用于学习培训。而允许员工在工作时间去上课以及支持他们参加公司以外的相关课程，则又另加3亿多美元的成本，其中部分的费用是用来资助上大学的，好让员工取得更高的学位。对于一些人来说，教育意味着不必要的浪费；而对另一些人而言，教育则是一种机会和希望，可以做出更大的贡献和得到更高的个人满足。采用后一种观点的人在惠普占有绝大多数。因此绝大多数的员工能认同教育以及自我发展的价值，这不仅丰富了他们的工作生涯，同时对公司的进步更有着实质的贡献。

实践证明，企业给员工提供培训机会是非常必要的，培训不仅可以提高员工的专业技能水平，还可以增强员工的岗位意识，增加员工的责任感。在现代企业中，员工的工作目的更重要的是为了“高级”需求——自我价值的实现。而培训则可以教给员工新的知识与技能，使其能适应或能接受具有挑战性的工作与任务，实现自我成长和自我价值的升值，这不仅使员工在物质上得到满足，而且使员工得到了精神上的成就感。

员工在接受新知识、新信息的过程中，往往会产生丰富的感悟。这些感悟与工作中的体验相结合，极易产生创新思维的火花，给人以精神上的激励。这使得培训不仅具有拓展知识、提高技能的作用，而且具有鼓舞自信心、激发工作热情的功效。一方面，经常“充电”，能使员工保持旺盛的工作激情；另一方面，注重个人发展的员工往往把培训看成是企业对他的最高奖赏。尤其是当培训与员工职业生涯设计结合起来的时候，更能激发员工的进取热情。许多著名的公司正是迎合了这一心理规律，尽可能地为其员工提供适当的培训，从而有效地提高员工的积极性、归属感和忠诚度。不难预见，一个较少为员工提供培训的企业，将是缺乏吸引力的；而注重通过培训使员工得到发展的企业必然士气高涨。

培训能让员工永葆青春和活力，充满希望和激情；培训能让员工实现自身能力和价值的增值；培训能让企业提高整体效益和持续发展。

缺乏职业生涯规划，就好比让员工蒙着眼睛走路

“上进之心，人皆有之”，这是人的本性。然而，事业的成功，并非人人都能如愿，问题何在？如何做才能使事业获得成功？职业生涯规划能为我们提供了一条通往成功的捷径。每位员工都需要一条具体、清晰的路线指引他们逐渐抵达自己人生理想的彼岸，这就是职业生涯规划。没有它，员工就如同蒙着眼睛走路。

著名潜能开发专家陈安之说过：“有什么样的目标，就有什么样的人生。”特别是在现在这样一个充满活力又极端残酷的社会中，每天都在创造着新的传奇，创造与颠覆、裂变与整合、竞争与合作、人人都很难过上平淡而惬意的生活，而就算是那些非常优秀的所谓成功人士，有的也并没有真正了解和正视过自己究竟需要怎样的生活，也没有考虑过什么样的职业发展才真正适合自己。

“你希望做什么工作?”这个看似简单的问题，却让不少工作多年的人难以回答。我有位学工科专业的研究生同学在报社工作，发展前景及收益均不错，但他一直在职业选择上彷徨不定，认为自己在各方面还是不如其他同学；可目前的工作又让他很难舍弃。他跟我说：“想了很长时间，发现自己竟然不知道自己到底想要干什么。”很多工作多年的人都多少有这样的感受。这表明，在现代社

会，人们选择职业时，考虑的因素越来越多，需求也越来越复杂，总希望在工作中一切都得到满足。于是，不少人既想做这个工作、又想做那个工作，总是这山望着那山高，但“跳槽”多次，进展不大，却反而失去了不少发展机会。

而职业生涯规划能让我们更好地了解自己，知道什么才是适合自己的职业。其实，无论是什么职业，简单地说来都只是我们为了实现自己的梦想而做的努力，选择最适合自己的，才能更好地帮助我们完成梦想。工作的目的不仅仅只是简单的为了工作而已，工作的更高目标是为了实现自我。

有一个关于职业规划的故事：动物们开办了一所学校，开学典礼的那天，来了许多动物，有小鸡、小鸭、小鸟，还有小兔、小山羊、小松鼠。学校为它们开设了5门课程，唱歌、跳舞、跑步、爬山和游泳。当老师宣布，今天上跑步课时，小兔子兴奋得在体育场跑了一个来回，并自豪地说：“我最喜欢跑步了！”可其他小动物，却有的撅着嘴，有的耷拉着脸。放学后，小兔回到家对妈妈说：“这所学校真棒！我太喜欢了。”

第二天一大早，小兔子飞跑到学校。当老师宣布，今天上游泳课时，小鸭子兴奋得一下跳进了水里。天生恐水的小兔傻眼了，其他小动物更没了招儿。接下来，第三天是唱歌课，第四天是爬山课。以后发生的情况，便可以猜到了，学校里的每一天课程，小动物们总有喜欢的和不喜欢的。

这个故事的寓意是：不能让猪去唱歌，让兔子学游泳。是兔子就应跑步，是鸭子就该游泳，是小松鼠就得爬树，这个道理很好，所以很多人把这个道理引申到职业规划里。大概的意思是：你是外向性格的人，那你就要做和人打交道的工作；你性格比较严谨，就应该做内部管理和财务之类的事情。再引申一下，你是基层员工，就要按照职责做好本职工作，不要做财务的总想着做销售，做行政的总想着做市场。

职业生涯是一个人一生的工作经历，职业生涯规划与管理就是通过事先的预期，明确职业的目标和每个阶段的任务，达到实现工作理想的目的。过去，职业生涯规划被看成是每个人自己的事情，这种想法是不对的，企业同样需要为员工进行职业生涯规划！

企业能否实现利润最大化，取决于每名员工是否发挥出了最大的能力。许多企业家都有这样的困惑："我们发给员工很高的工资，同时也有精神上的激励，为什么员工工作效率还是提高不了呢？"研究发现，员工的职业爱好和身体特质是制约工作效率的两大因素，而这两个因素不可能完全通过物质刺激和精神激励加以改变，它需要通过对员工进行职业生涯管理来解决。

从员工刚到企业参加工作，企业就应帮助员工对自己进行全面分析，通过分析让员工认识自己、了解自己。因为员工只有正确认识了自己，才能选定适合自己发展的职业生涯路线，从而初步制定一份自己阶段性的或长远的职业发展规划，不断提醒自己、鼓励自己，避免自己迷失方向。另一方面，企业通过为员工制定有效的职业生涯规划，不断地给员工提供机会，让员工对企业产生信任，相信企业和自身存在的价值，从而较大程度地提高员工的工作主动投入度，主动承担责任，从而提高企业的组织绩效。

此外，企业要让员工意识到，做了职业规划，也未必是立刻就能见效的，可能几年内的工作都是在为将来的发展作积累。职业规划需要企业和员工双方长期坚持，并且定期评估，看是否达到了目标。如果达到了，可以清楚地让员工认识到自己的进步和收获，进而制订新目标；没达到则要看有什么问题和困难，需要什么支持，是否需要修正目标。

如果缺乏职业生涯规划，就好比让员工蒙着眼睛走路，员工不知道企业的前途和自己的发展方向，于是事不关己，高高挂起。员工对企业不负责，企业就对员工不放心，更不愿意加大员工培训等投入，员工对企业也就更加不忠诚。一旦形成这样的恶性循环，人才流失的现象就会很严重。

有些企业对于为员工规划职业生涯不以为然，认为现在找工作的人很多，只要待遇优厚，不愁没有人才。但是，我们必须充分警觉到一点：“物质刺激只能在目前的市场情况下留住低层次的员工。真正的人才追求个人职业生涯的发展，企业必须考虑员工这方面的需求。”

一份行之有效的职业生涯规划将会引导员工正确认识自身的个性特质、现有与潜在的资源优势，帮助员工重新对自己的价值进行定位并使其持续增值；将会引导员工对自己的综合优势与劣势进行对比分析，评估个人目标与现实之间的差距，使员工树立起明确的职业发展目标与职业理想；将会引导员工前瞻与实际相结合的职业定位，搜索或发现新的或有潜力的职业机会，使员工学会如何运用科学的方法采取可行的步骤与措施，不断增强员工的职业竞争力，实现其职业目标与理想。

做好职业生涯规划，不仅可以发掘员工的潜能，增强员工的个人实力，还可以提升企业的核心竞争力。因此，无论是企业还是员工个人，都应该对职业生涯规划给予足够的重视！

考核：态度好有机会，能力强有平台，贡献大有回报

知人善任，好的考核制度可以有效地留住人才，让他们发挥最大的价值，从而推动企业的发展。考核中有一项很重要的指标：态度好的人有机会，能力强的人有平台，贡献大的人有回报。

所谓绩效考核方法，是对员工在工作过程中表现出来的工作业绩、工作能力、工作态度以及个人品德等进行评价，并用之判断员工与岗位的要求是否相称的方法。一项能激励员工的考核制度是企业发展，获得利润的保障。有远见的公司懂得用完善的考核制度留住对公司有用的人才，让员工各得其所，创造效益，实现人生的价值。只有这样的考核制度才能被员工所认可和拥护，这样的企业才能使员工安心地工作，才能留住优秀的人才。

在人力资源管理界，非常流行一个较为诙谐的理论："骑马、牵牛、赶猪、打狗"，即：人品很好而且能力很强的，叫做"千里马"，我们要骑着他；人品很好但能力普通的，叫做"老黄牛"，我们要牵着他；人品和能力皆普通的，叫做"猪"，我们要赶走他；人品很差的，叫做"狗"，我们要打击他。

这个理论虽然有点滑稽和搞笑，但很能说明问题。遵从这个理论，企业考核员工的工作完成情况，首先就会从目标认同感以及个

人综合技能方面多重考核，留用并提拔“马”和“牛”，裁减并贬降“猪”和“狗”。

2009年年底，我为公司里我们部门的员工制订了一套完整的考核方案，A4纸满满十几页。其实，核心或者说指导思想就是三句话：态度好的人有机会，能力强的人有平台，贡献大的人有回报。

“态度好”的人，侧重指的是“老黄牛”；“能力强”的人，侧重指的是“狗”；“贡献大”的人，侧重指的是“千里马”。企业里不可能每个人都是“千里马”，这个不可能也没必要，是不是人才关键在于管理者怎么使用。

没有谁一进入公司就能特别完美地完成工作任务，但是员工首先要把心态锤炼好，用心学习，完成本职工作。好的领导都会允许下属有犯错的时间和空间，并为下属提供成长的机会，前提是你的态度必须够好，或者说你首先是想在这个岗位上踏实肯干才行。这个过程，就需要你端正心态，规避消极的职业态度，带着感恩心去工作，怀着责任心去做事。

事实上，一套完善的考核制度是一个企业获得持久的利润、创造辉煌业绩的前提条件。这样的企业才会获得持续、稳定、健康的发展。通过对员工的考核，可以使大家充分认识到工作中的薄弱环节，提出努力的方向，激励斗志，促使员工综合素质的提高，让员工在工作中恪尽职守、敬业奉献，高效率地完成本职工作。

一流的考核制度创造一流的业绩。每一位企业的员工最关心的就是他们所获得的认可程度是否会和他们所付出的劳动等值。如果一个企业没有一个公平、公正、公开的奖惩考核制度，就会造成工作认真的员工有抱怨，工作拖沓的员工钻空子，结果会造成企业的人才流失。

马明、刘凯、张山三个人同时应聘到了一家不错的公司做销售工作。试用期到期后，公司对三个人进行考核。马明没接到什么大单，虽然有因为经济危机而导致整个行业都不景气的缘故，但是每天工作的时候，马明不仅不为自己业务量担心，而且工作也不积极。刘凯通过自己的努力，凭借出色的工作能力，获得了丰富的客户资源，他似乎整天都忙着和客户谈判。张山虽然客户资源不如刘凯丰富，但他平时和同事们关系处的很好，公司领导经常表扬他有很好的团队合作精神，张山认真工作的态度受到大家的一致认可，业务能力也慢慢增强，即使是最糟糕的月份也有好几笔大单进账。因此，刘凯、张山两人如愿以偿地和公司签订了正式劳动合同，成为了公司的正式员工，而马明则被辞退。

同样的工作环境，同样的工作平台，马明、刘凯、张山三个人的最后结局却不相同。同一种考核制度，不同的评分标准。态度好的人有机会，张山如愿的留在了公司；能力强的人有平台，贡献大的人有回报，刘凯用工作能力和业务量向公司证明了这一点，公司也因此将他留了下来。能者上、平者让、庸者下、劣者汰，一个企业为员工提供舞台就是要让员工在创造业绩的同时实现自己的人生价值。在现代的公司企业制度的背景下，每一个正规的企业都有着明确的考核办法，这是衡量一家企业是否能在竞争激烈的市场下存活的必备条件。

很多员工经常埋怨公司的福利待遇不够理想，却从来没有想过自己是否为公司创造了价值、创造了多少价值。这种不愿付出却又指望得到高回报的思想，永远不可能让你如愿以偿。在市场经济的条件下，企业作为一个以利润为目标的经济组织，任何企业的人力资源战略都必须服从于一个基本的“投资回报”的原则，也就是说，企业在考虑支付员工报酬的时候，必然要权衡员工对公司的劳动付出以及他为公司所创造的价值。从这个意义上说，任何员工想要获得更高的报酬，就必须要为企业创造更大的价值和利润，毕竟天下没有免费的午餐。

诚然，我们无需回避这样一个现实：目前国内大多数企业在人力资源的薪酬制度设计方面都存在不同程度的问题，甚至还有少数企业存有那种“既要马儿跑，又想马儿不吃草”的错误观念。但从某一个角度来说，这可能是因为你的份量还不够，或者是你的价值还没有显现出来。一旦你的价值突显出来，当你掌握了公司的客户资源或是你的位置不可取代时，老板难道还能亏待你不成？问题在于，你能否做到了这点。

一个企业只有拥有了一套完备的奖惩考核制度，才能让员工各司其力、各尽所能，激发职工的潜在能力和主观能动性。而一个员工也只有在这样的工作环境中才能以一种奋发向上的心态去完成工作，才会心甘情愿地留在公司，为公司的发展做出应有的贡献。“态度好的人有机会，能力强的人有平台，贡献大的人有回报”，无论是对于企业还是员工来说，都是如此。

营造强烈的学习型企业氛围

学习是企业创造价值的动力源泉。因此，企业要营造强烈的学习氛围，不仅要使每一名员工互相学习、互相帮助，共同提高，同时也要学习公司外的先进经验和技术，从而使每位员工、整个企业永远都处于不断进步和提高的进程中，为企业的价值最大化提供技能积累。

当今社会是一个“知识爆炸”的社会，全世界在10年里所产生的新知识就是人类历史的所有知识总和，一个人的大部分知识在5年后就会过时。在今天，要想不成为时代的落伍者，要想不被竞争所淘汰，学习是我们惟一的选择。1984年，美国著名管理学家派瑞曼就说过：“到下世纪初，美国将有3/4的工作是创造和处理知识。知识工作者意识到：持续不断地学习不仅是做好工作的先决条件，而且是一种主要的工作方式。学习不再是在教室里或者上岗前孤立的活动，人们不必撇开工作专门抽出时间来学习，相反，学习就是工作的核心，学习与效率是同义词。学习将是劳动的新形式。”

如同我们每个人的成长历程一样，企业的成长壮大也是一个不断学习的过程。企业同样需要不断地学习如何使自己生存得比别人更长久、更健康，这是企业必须面对并解决的永久问题。毋庸置疑，要保持旺盛的活力，就必须使自己每天不断地更新，而更新就需要学习并加以应用。可以说企业的每一项进步都是通过学习实现的。譬如开发一种新产品，引进一项新技术、新方法，或者改造企业的组织结构、推行新的管理制度，都需要企业更新原有知识，吸收或创造出新知识，这不都是一个个学习过程吗？《第五项修炼》的作者彼得·圣吉曾经说过："学习智障对孩童来说是个悲剧，但对企业来说，可能是致命的。"因此，他认为，真正有生命力的企业是那些善于学习的企业。

在21世纪，企业面临的环境呈现出三个特点：第一，变化更加剧烈，变化几乎无处不在。甚至有人预言，在这个不确定的时代，唯一确定的就是变化。第二，变化更加巨大。很多变化不仅影响的范围广、持续时间长，而且影响的深度强，例如互联网和信息、通信技术的广泛应用，必将影响到各个产业和每一个企业。英特尔公司前任总裁安迪·葛洛夫曾经说过："以后将没有互联网企业，因为每一家企业都将是互联网企业。"第三，变化是缓慢发生的，很多企业甚至无法感知到它的来临，等到企业意识到这种变化再试图调整时，已经无力应变。如同将一只青蛙放入凉水中慢慢加热，青蛙无法感知温度的慢慢升高，等到它意识到温度已经很高时，青蛙已经变得非常虚弱，根本无力跳出。

因此，正如达尔文所说："在剧烈变动的环境中，能够生存下来的不是最聪明的，也不是最强壮的，而是最灵活的。"任何一个企业想要在剧烈变动的市场中生存与发展，必须有能力及时察觉组织内外环境的变化，并积极做出调整，学习新的技能，采用新的经营运作模式，成为学习型企业。

那么，如何才能营造强烈的学习型企业氛围？可以通过以下四个环节来实现：

1．个体学习与创新。指的是个体在观察、思考基础上进行学习和创新。从根本上讲，只有人才能学习，离开了个体的学习，组织将无法学习。虽然个体的学习和创新并不能自然导致团体和组织的学习，但个体学习和创新却是组织学习的基础，是组织学习的"种子”。创新往往来自于某一个灵感或顿悟，但其实离不开长期的实践积累和总结思考。

2. 制度化的沟通。个体创新成果必须通过一种制度化的社会传播机制，让更多的人了解、掌握、共享，才能促进组织学习。在组织内，要打破部门之间的隔阂，增加员工之间的交流，使知识能够尽快地传播和流动。为了增进员工间的沟通，进而提升学习与创新能力，有些国际知名公司在办公总部里，增设扶手电梯，要求员工尽量用扶手梯而非升降梯上下楼；有些公司则把公司资料档案集中放在走动式的橱架上，员工需要资料时，再去把资料架推到适当的地点；还有些企业则在办公室的设计上，特别增加了员工可以互相闲聊的交谊空间。类似这些作法，都不是正式的法令规定，而是在员工的工作环境上，自然地增进员工间互动与沟通的机会。

3. 形成学习网络。员工在学习和运用该创新成果的基础上，应该给出更多的反馈，形成特定的学习网络（也有人称为实践小组、社团）。这时候，学习就从少数创新个体过渡到一个或更多的团体，并形成互动。

4. 企业之间的沟通互动。除了企业内部的互动与沟通以外，企业之间的沟通互动也不能忽略。例如，同行业之间可以透过业务的往来或商会、公会的活动而互动。从创新学习的角度来看，除了同行业间的沟通交流外，现在流行的异业交流，也十分值得推广。

通过以上四步形成的循环过程，将促进个体产生更多的创新和反馈，从而使企业学习能够像“滚雪球”一样，越来越壮大。通过促进个体学习，进而带动团队和组织学习，企业就可以建立起灵敏的竞争情报系统，敏锐地察觉客户需求、竞争对手的变化以及技术、社会环境的发展趋势；同时，快速掌握企业内部运转状态以及各项指标的健康状况，每个个体都能理解企业的目标，并适时采取最佳的应对策略和行动，从而使企业成为学习型企业，营造出强烈的学习型企业氛围，让企业能够更有竞争力地存活和发展下去。

给企业文化中注入感恩元素

感恩，是一种精神、一种品质、一种境界。企业是员工自我价值实现的平台，作为企业的一员，要看到企业给我们一个良好的工作环境，给我们一个工作和学习的平台，给我们一个展示自我的天地。只有员工以感恩之心回报企业，我们的企业才能永葆青春；企业用感恩之心回报社会，我们的祖国才能繁荣昌盛。

在现实中，很多人都可以带着感恩的心去生活，却不能带着感恩的心去工作，这是一种普遍现象。不懂感恩的人每天总在抱怨工作环境不好，抱怨自己的工资不高，抱怨上级太严厉，抱怨空背一身绝技却无人欣赏。爱抱怨的人为何总说生活太累，因为他只看到了自己的付出，却对自己的所得和收获视而不见，他们不懂得知足与感恩。而懂得感恩的人即便真的非常累，也不会抱怨工作，因为他们明白，有失必有得，一想到自己得到了那么多，他们就会知足并快乐。

我们要在这个世界生存下去就意味着需要工作，生存需要付出，工作丰富了生存的内涵，工作给予了我们生存的物质条件，工作还为我们提供了展现人生价值的舞台。我们有养家糊口的责任、我们有实现自我价值的本能需要。而这些，都必须通过工作来实现，工作是解决生存问题的基本要素之一。我们工作，并不是表示因为我们有本事而能够获得工作，而是因为我们受到了企业的信任并获得了企业给我们体现回报的一个工作平台，以及给予我们能够继续生存的一份机会。工作就意味着责任，而感恩则让我们担负起这份责任。

前国足主教练米卢说："态度决定一切。"是的，世界不会因谁而改变，需要改变的是我们面对世界的态度。工作不是单纯的谋生手段，更是我们个人生命价值的体现，而企业，正是实现我们自我价值的平台。以感恩的态度去面对企业，在工作中尽心尽力、积极进取，向着自己的目标不懈努力，在带给企业利益和效益的同时也可以大大提升我们的个人能力。当你将个人的荣辱和企业的发展融为一体，对企业的感恩成为一种习惯，对企业的忠诚成为一种责任的时候，你的工作将充满激情，事业也会更富有成就感。

众所周知，企业和员工之间是鱼水关系，企业是每个员工的经济来源。"国富乃民强，企荣方家兴"，正因如此，我们才需要对企业这个衣食父母"多念鱼水情，常怀感恩心"。企业是我们幸福生存的家园，我们每个人在为企业奉献着青春和智慧的同时，企业也在为我们提供自我发展的空间和实现自我价值的平台。在这个平台上，我们在增长着阅历、丰富着自我、实现着人生的价值；在这个平台上，我们用激情点燃理想，用薪酬支配生活。因此，我们应该感恩企业，是企业培养了我们，是企业让我们慢慢成长、成熟；我们应该感恩企业，是企业给予了我们一片展示自我的天地，是企业让我们拥有了实现自我价值的平台。

好矿工吴如便是员工学习的榜样，在他荣获"中国十大杰出矿工"时，颁奖词中这样写到："称一个人为矿魂，这是对一个煤矿工人生命的最高褒奖。一个农民出身的矿工，在平日的岗位上，在最普通的生活中，毫无自私自利之心，满腔博大深沉之爱，不仅圆满地做好自己的分内工作和分外工作，还能自觉地把矿山安全放在高于一切的位置，身体力行，感召别人，带动集体。”

吴如的事迹给我们上了一堂生动的感恩课，吴如身上体现了感恩系列教育活动的主题：“人与人的感恩，人与企业的感恩，人与环境的感恩。”感恩要求我们进行自我修炼，自我超越，改变思维模式，对企业要学会感恩，变“独善其身”为“兼济企业”，变“只索取，不奉献”为“多奉献，少索取”。这样才能达到企业战斗力增强，从而“一致对外”，实现企业和个人的双赢。

而缺乏一颗感恩的心就必然使我们生活在阴霾中。英国作家萨克雷说：“生活就是一面镜子，你笑，它也笑；你哭，它也哭。”你感恩生活，生活将赐予你灿烂的阳光；你不感恩，只知一味地怨天尤人，最终可能一无所有！成功时，感恩的理由固然能找到许多；失败时，不感恩的借口却只需一个。殊不知，失败或不幸时更应该感恩生活。正如在水中放进一块小小的明矾，就能沉淀所有的渣滓一样，如果在我们的心中培植一种感恩的思想，则可以沉淀诸多的浮躁、不安，消融许多的不满与不幸。

感恩能使我们浮躁的心态得以平静下来，感恩也使我们能够以另一种角度来看待身边的问题。尤其对一个以盈利为目的现代企业来说，这种感恩的心态尤其值得提倡，无论是企业家，还是普通的员工，从感恩本身而言，是一个彼此的付出与信任。

拥有一颗感恩企业的心，我们不再抱怨，不再推诿，面对困难，我们不再是独自奋斗的个体，集体的力量将使我们渡过难关，因为我们感恩、我们团结；

拥有一颗感恩企业的心，我们明白小我和大我的取舍，在领导面前我们不再有对立反抗的情绪，因为我们感恩、我们理解；

拥有一颗感恩企业的心，同事之间的关系会更加融洽，配合会更加默契，误会和埋怨将在理解中被淡忘，因为我们感恩、我们信任；

拥有一颗感恩企业的心，我们就不会在工作中出现贪图私利、损公肥私、损人利已、消极怠工的行为，因为我们感恩、我们自律；

拥有一颗感恩企业的心，浪费、奢靡现象将不再发生，“创建节约型企业”才不会成为一句空话；

拥有一颗感恩企业的心，我们便拥有了企业这个大家庭，我们便成为了企业真正的主人。

我们将与企业荣辱与共、兴衰同在。

愿我们常怀一颗感恩的心，紧紧团结在一起，为我们自己和企业的美好明天而奋斗吧！

领导要严格自律，以身作则

领导对于企业而言是至关重要的。如果一个领导不能做到自律和以身作则，他就无法在工作中做好自我管理工作，也将无法管理好员工的工作。只有不断地反省自己，高标准要求自己的领导才能树立起被别人尊重的自我形象，并以其征服手下所有的员工。

“一头绵羊带领一群狮子，敌不过一头狮子带领的一群绵羊”，这句话充分说明了领导者对于公司的重要性。自古以来，中国在要求领导以身作则方面，留下了许多耐人寻味的东西，如成语“上行下效”，俗语“上梁不正下梁歪”，“喊破嗓子，不如做个样子”，等等。因此，作为公司的领导，要千万记住，自己的一言一行都是员工学习和仿效的对象，如果自己勤奋，公司的学习氛围就会浓厚；如果自己工作努力，公司的工作就会顺利推进。相反，如果自己缺乏活力，公司就有可能一潭死水；如果自己缺乏创新，公司就有可能停滞不前。

如果一个领导不能自律，他就无法在工作中做好自我管理工作，也将无法管理好员工的工作。

1963年，玫琳·凯以具有25年销售经验的资格退休。就在这一年，她自立门户办起了玫琳·凯化妆品公司。公司开始只有9名雇员，目前却已是全美500大企业之一，在全球30多个国家和地区设有分公司。玫琳·凯脸部护肤品及彩妆品是全美连续6年销量第一的品牌，玫琳·凯也因此成为享誉全球的商界风云人物，《财富》杂志数次将玫琳·凯化妆品公司列为美国最适宜妇女工作的十家公司之一，并成为该杂志“全美100家最值得员工工作的公司”中榜上有名的唯一一家化妆品公司。

玫琳·凯化妆品公司之所以能够取得如此巨大的成功，与玫琳·凯的领导方法与管理艺术是分不开的。要说玫琳·凯的领导方法与管理艺术，非常简单，就是“领导以身作则”。据说，在玫琳·凯公司，任何领导人的办公室都不悬挂表示头衔的牌子，员工对所有领导人都直呼其名而不称呼职务。这不仅是为了表示彼此的尊重和亲密，也表示所有领导都只是公司普通的一员，都必须为公司努力工作。玫琳·凯有一个习惯，就是工作从不过夜，时间再晚，也必须把当天的工作做完。在她的带领下，公司的员工都养成了当天的事情当天完成的好习惯，不仅工作效率大大提高，公司的效益也大幅上涨，公司成为世界知名品牌就是顺理成章的事情了。

可见，领导对于企业而言是至关重要的。因此，作为领导，一定要自律，要以身作则，应明确肩上担负的责任，用心谋事、用心干事、身先士卒、不计辛苦。有这样的领导在前方引路，员工也会与领导同甘共苦、同舟共济的。《论语》中说：“其身正，不令而行；其身不正，虽令不从。”

清朝道光年间，为了抵抗外国列强的侵略，陈化成七十多岁了，仍旧接受了道光帝的使命，率领军队驻扎在宝山。一天夜里，忽然刮起了狂风，暴雨倾盆而下，致使驻地附近的水塘迅速涨溢，大水随之向营区蔓延开来。随从的将士请陈化成把帅帐移到高处，以免大水进入影响休息。陈化成说：“我的大帐是士兵们的向导，一旦移动了，士兵们不明所以，必然会使军心动摇，影响士气。况且士兵们都睡在泥水中，我却一个人高高在上，这怎么行！”他坚决不准移动帅帐。七十多岁的陈化成坚持在水中处理各种军事事务，这件事感动了所有的士兵，士兵的士气大增，作战英勇无比。

领导必须相信“管人先管己”之道，也必须成为他自己期望别人所能做到的领导。领导成为楷模是一项与生俱来的职责，而不是一门选修课。作为一名领导，所要承担的后果之一便是无论做什么，都将被员工观察和模仿。

领导的个性通常会成为整个组织的烙印。工作努力的领导通常也会有努力工作的员工；追求投入的领导所培养出来的管理人员，也往往喜欢从他手下的员工那里寻求投入；热衷于学习的领导通常会将这种信念和行为灌输给其下属，使强烈的学习氛围在整个公司范围内风行开来。

员工服从领导的指导，其理由不外乎下列两点：一是因管理者地位既高，权力又大，不服从易遭受制裁；二是因管理者对事情的想法、看法、知识、经验较自己更胜一筹。这两个条件无论缺少哪一个，领导都会在开展工作时遇到难以想象的阻力，其中的第二点尤为重要。因此，作为一个领导应当时刻不忘如此地反省自己：

“我的各方面能力是不是都比员工强？想法、看法以及做法是否比他们优秀？我应当怎样做才能更出色？”

“在要求员工做一些事情之前，我是否应先负起责任，做好领导工作呢？”

“我要求别人做到的，自己有没有做到？”

只有不断反省自己，高标准要求自己，领导才能树立起被别人尊重的自我形象，并以其征服手下所有的员工，使他们产生尊敬、信赖、服从的信念，从而推动工作的进展。当一名领导拥有自律、以身作则的品质时，员工、顾客和投资者都会对企业充满信心。

用薪+用心=留住优秀的人才

任何企业都知道"千里马"难寻，但即便有了"千里马"，如果没有"贵人"的慧眼识才，再有才的人也有被埋没的可能。所以，如何留住"千里马"，日渐成为一门新的学问。而学会"用薪+用心"，则是企业留住优秀人才的良方。

马斯洛需求层次理论，亦称"基本需求层次理论"，是行为科学的理论之一，由美国心理学家亚伯拉罕·马斯洛于1943年在《人类激励理论》论文中所提出。按照马斯洛的需求层次理论，人有生理需求、安全需求、社会需求、尊重需求和自我实现需求五种层次。因此，企业想要留住优秀人才就既要满足其最基本的生理需求，即"薪"，又要满足其自我实现需求，即"心"。

我们时常听闻国外员工集体罢工事件，罢工的原因无非是要争取更好的薪酬环境。近年来，基于劳动者对薪酬环境越来越高的要求，国内企业也开始越来越重视薪酬环境的建设。尤其是在民营企业，薪酬几乎成为员工考虑留与走的重要因素，薪酬制定在很大程度上决定着能否留住优秀人才。

对于企业能否留住优秀人才来说，具有竞争力的薪酬是一个无法回避的问题，这就如同高楼大厦的根基。若是缺失这个根基的稳固性，那其他的诸多留才策略只能是可望而不可及。曾经有一家咨询公司对中国不同行业做了一份调查，研究表明，薪金仍然是留住人才的第一要素。给人才具有竞争力的薪酬，从某种意义上讲，既是人才满足基本物质需求的需要，同时也是对人才价值在物质层面的认可，无形之中将会增强人才的荣誉感和组织归属感。

恰当的薪酬福利是保留员工的最基本因素。企业在设计薪酬福利体系时，要考虑如何通过薪酬管理体系来支撑企业自身竞争战略的实现，要通过薪酬激励，将员工的努力和行为集中到帮助企业提升市场竞争力上去，使员工和企业确立共同的价值观和行为准则。在确立了薪酬战略以后，必须将薪酬战略转化为具体的薪酬制度和薪酬管理流程，才可以完善战略性薪酬体系的设计，从而有效引导员工的态度和行为。

此外，在“薪”的基础上，企业还要用“心”来留住优秀的人才。

美国密歇根州立大学的心理学教授弗雷德里克·摩根来博士认为，办公室气氛、工作中的人际关系、上下级关系等“软”环境比起“硬”性工作环境来说，对员工的满意程度影响更大。很多调查也显示：与同事共同工作的频率、职场友谊，以及在工作中获得的情感支持，才是预测员工工作满意度的有效指标。可见，那些以为只要付钱，就可以任意对员工颐指气使的老板或经理人，才是让员工心凉并决定离开的原因之一。

祁东煤矿是一家很普通的企业，论薪水，它不比其他企业高到哪里去，论劳动强度和生产环境，它也不比其他企业更优越，但它在意的是职工拿到薪水后，还能去浴池里泡个热水澡，到图书室里享受书香的熏陶，在俱乐部里散散心，在“群贤屋”里为企业发展献计献策。对职工细致入微的关心，提升了职工工作生活的幸福感和对企业的满意度。全体职工的共同努力，使这家高瓦斯、高水压的高风险煤矿，成了安全生产的典范，成了连创佳绩的优秀企业。

祁东煤矿陈经理在接受媒体采访时说：“目前企业的良好氛

围让我想起一位经济学家对“企”字的解释。他说，‘人’在为‘企’，‘人’去则‘企’止。职工是企业最宝贵的财富，拿职工当亲人，处处为职工着想，于细微处花心血，职工才能把企业当成家，企业才会成为职工共创共享的和谐家园。”

诚然，在市场经济中，调节人力资源市场的核心杠杆是收入，有的老板认为：给职工加薪，有了高薪还怕留不住人？这种观念忽略了人的心理需求的另一面。生理和安全是低层次的，是生存的基本需求，而尊重和自我实现则是高层次的。因此企业在“薪”的基础上还需用“心”来留住优秀的人才。

在以劳动密集为主要特征的一些行业中，收入确实是从业者最关心的问题之一。不断增加员工，尤其是一线员工的劳动报酬，实现体面劳动，让员工更有尊严，需要企业和社会的共同努力。但也应该看到，收入并不是员工需求的全部，他们在归属感、自尊心和自我实现感方面的需求，仅靠提高工资待遇是无法满足的。

此时，提升管理者的管理技巧就显得尤为重要了，例如与员工交流沟通时采取积极正面的指导性反馈，就能让工作事半功倍，拉近员工与组织的关系。也可以说积极的反馈是一种激励方式，它强调的是一种正面的表扬，主要用来肯定员工的行为价值，多用描述性的语言。企业的管理者在反馈的过程中要充分展现真心，要及时也要经常，这样可以有效化解员工和企业之间的隔阂，让员工更能了解到企业的情况，理解企业的决定，并真正融入到企业中去。

“企”要“人”在，靠“薪”更靠“心”。健全企业社团和各种切合实际的员工自我教育机制，以真诚的关心激发员工的上进心和事业心，员工才会觉得工作有劲头、人生有奔头。因此，企业想留住优秀的人才，就要用薪+用心，将以人为本的理念当作企业兴盛的催化剂、凝聚人心的粘合剂，不断创新企业文化，只有这样，员工的劳动才不再只是谋生的手段，企业才能永续发展、长盛不衰。